* E. 300
G. b

Double Y^d

1975

CONTRAT SOCIAL

DES

RÉPUBLIQUES.

DE L'IMPRIMERIE DE CAILLOT,

rue du Cimetière-André-des-Arcs.

La vérité dévoile enfin les abus et les erreurs.

CONTRAT SOCIAL

DES

RÉPUBLIQUES,

ET

ESSAI SUR LES ABUS

Religieux, Politiques, civils, etc.
*parmi toutes les Nations, et
principalement en France.*

Par P.-J.-B. Nougaret, né à la Rochelle.

> Les hommes ne vivraient pas long-temps en société,
> s'ils n'étaient les dupes les uns des autres.
> LA ROCHEFOUCAULT.

Avec une estampe allégorique.

A PARIS,

Chez
{
L'Auteur, rue des Petits-Augustins, n°. 9, vis-à-vis celle des Marais;
Desenne, Libraire, Galeries du Jardin Egalité, n°. 2;
Caillot, Libraire, rue du Cimetière-André-des-Arcs, n°. 6.
}

AN VIII.

CONTRAT SOCIAL

RÉPUBLIQUES

ESSAI SUR LES ABUS

A PARIS

AVANT-PROPOS.

De tout temps les personnes qui réfléchissent ont été frappées du grand nombre d'abus qui règnent dans les sociétés civiles.

Elles ont observé, avec étonnement, que les peuples qui se croyaient le plus policés, avaient laissé prendre racine à un nombre plus prodigieux d'abus, soit théologiques, civils, politiques, dangereux, ou seulement ridicules.

Mais elles ont eu tort de marquer tant de surprise sur cette foule d'erreurs, ordinaire apanage de l'esprit humain.

a iij

L'homme est un grand enfant qui, dans tous les siècles, s'est amusé avec les hochets de la folie, et a été continuellement la dupe de ses idées, de son imagination.

Vraisemblablement il ne sera jamais guères plus raisonnable, ni plus éclairé, du moins avant qu'il se soit écoulé plusieurs siècles.

Ce qu'il lui plaît d'appeler instruction et philosophie, en fait de morale et de sociabilité, n'est qu'une erreur de plus dans ses opinions.

Nous le demandons, quelle certitude a-t-il acquise, hors des sciences exactes? La vertu n'est souvent pour lui qu'un problême, et s'il la pratique, ce n'est pas toujours pour se livrer au penchant du bien, mais souvent par inté-rêt (1).

Encore trouve-t-il ordinaire-ment plus commode de suivre ses passions vicieuses, quand il ne juge pas à propos de s'envelopper du manteau de l'hypocrisie.

L'homme n'est estimable que lorsqu'il forme des doutes, et qu'il se contraint assez pour n'être ni méchant ni féroce.

Il s'est réuni en société ; et,

---

(1) « On ne blâme le vice, et on ne loue » la vertu, que par intérêt. » (*La Roche-foucault.*) « Nous aurions souvent honte » de nos plus belles actions, si le monde » voyait les motifs qui les produisent. » (*Idem.*)

a iv

malgré ses législateurs, ses philosophes, toutes les sociétés politiques qu'il a formées, le peignent
au naturel.

Ce sont quelques abus de ces
réunions des peuples, que nous
avons essayé de passer rapidement
en revue, principalement ceux
relatifs au régime républicain.

Nous avons pensé que le titre
de *Contrat social des Républiques*
pouvait aussi convenir à notre
livre, parce que nous y parlons
de l'organisation, des lois et de
l'esprit de ces sortes de gouvernemens, qui seraient les meilleurs,
si les hommes étaient susceptibles
de former une société parfaite.

Nous n'avons pas (besoin

d'observer que nous sommes loin d'avoir la prétention d'approcher du *Contrat social* de l'immortel philosophe de Genève. Il est bien difficile d'imiter un grand homme.

A l'époque où il écrivait, il n'osa pas tout dire ; et s'il vivait de nos jours, il changerait de façon de penser et s'exprimerait différemment sur bien des choses.

Nous nous glorifions d'une ressemblance avec ce philosophe : nous attaquons les erreurs préjudiciables au bonheur du genre humain , et notamment à celui des Français.

Nous aurions pu nous étendre davantage : mais l'auteur qui veut

a v

tout dire, court souvent risque d'en dire trop.

Tel livre vaudrait beaucoup mieux, si on l'eût laissé achever par le lecteur.

Dans notre chapitre des Contributions, par exemple, nous avons passé sous silence un impôt non-seulement injuste, mais qui a quelque chose d'inhumain. C'est celui qui oblige tout pétitionaire à n'employer que du papier timbré. Cette imposition est d'autant plus criante, qu'elle tombe sur une classe du peuple tout - à - fait malheureuse, et qu'elle n'est point énoncée dans la loi sur le timbre ; elle n'est qu'une extension de cette loi, prescrite par un

simple arrêté du directoire exécutif. Un indigent, victime d'une
cruelle oppression, ne peut récla-
mer la justice qui lui est due, s'il
n'a pas le moyen d'acheter une
feuille de papier timbré. Tel infortuné, à peine couvert de haillons, trop taxé pour sa patente
ou pour son loyer, ne sollicite
une diminution juste et indispensable qu'à l'aide d'un papier qui
lui ravit sa subsistance d'un jour.
S'il s'est trouvé un ministre des
contributions assez doué du génie
pervers de la fiscalité, pour proposer de pareilles mesures, il était
de la dignité des premiers magistrats d'une grande nation, de les
rejeter avec horreur.

En traçant la peinture d'une infinité d'abus, nous aurions pu, comme tant d'autres, nous perdre dans des idées métaphysiques et obscures, qui auraient paru, à certaines personnes, des raisonnemens très-profonds; mais nous avons préféré, quoique moins honorable de nos jours, l'avantage d'être clairs et entendus de tout le monde, et nous avons tâché de ne point perdre de vue, qu'il n'est pas de l'essence d'un ouvrage sérieux d'ennuier toujours la plupart de ses lecteurs.

Quoique nous n'ayons dévoilé qu'une partie des erreurs humaines, relativement aux lois sociales, nous en avons montré assez pour

faire frémir tous les cœurs sensibles. Nous approfondirons davantage cet important sujet, dans
un ouvrage beaucoup plus étendu.

Nous nous sommes proposés,
dans celui-ci, de passer en revue
les principaux abus des gouvernemens, sur-tout dans les républiques : est-ce à nous qu'il faudra
s'en prendre, si nous en citons un
grand nombre ?

Pourquoi avons-nous pris la
tâche pénible, et peut-être dangereuse, de les dévoiler au grand
jour ? Afin de faire naître l'idée à
des législateurs vraiment estimables, placés dans d'heureuses
circonstances, d'en entreprendre
l'importante réforme.

Nous prions toutes les espèces d'aristarques, de considérer quel est le genre de notre livre, et que nous avons dû ne rien négliger pour le traiter d'une manière convenable.

Notre courage et nos intentions ne pourront être blâmés, que par la tourbe des vils flatteurs, qui rampe aux pieds des différentes puissances de ce monde.

Nous aurons encore contre nous toutes les personnes intéressées à maintenir le règne des préjugés et des erreurs.

Aucune considération ne nous a arrêtés. Ce n'est point le plaisir malin de faire une satyre contre les hommes, en général et en particulier, qui nous a inspiré cet ouvrage ; mais le désir d'écrire des vérités utiles.

Atteindre ce but honorable sera pour nous la plus douce des récompenses.

Nous ne flattons, ni ne désignons personne ; nous exprimons franchement notre façon de penser, sûrs qu'elle ne doit frapper qu'en général : tant pis pour ceux qui s'en formaliseraient.

Nous n'avons été d'aucun des partis qui, tour-à-tour, ont déchiré notre malheureuse patrie ; aucune vue d'intérêt personnel n'a jamais guidé notre plume ; nous avons toujours manifesté avec franchise les sentimens de notre cœur, conformes à ceux des vrais citoyens.

Aussi la richesse, les places, les honneurs ne sont point venus nous chercher : mais pouvions-nous envier les faveurs de la fortune, en voyant quels étaient la plupart des personnages qui en ont joui ?

S'il arrive que cet écrit nous fasse des ennemis, nous nous en consolerons aisément, pourvu que nous obtenions le suffrage d'un seul homme de bien.

N o t a. Quoique différentes circonstances en aient retardé la publication, l'impression de cet ouvrage était fort avancée, lorsque les journées des 18 et 19 brumaire ont annoncé à la France l'affermissement de sa liberté, assise sur les bases inébranlables de la félicité publique.

Les réformes qu'elles vont opérer, et celles dont on leur est déjà redevable, feront sentir davantage combien nous avions raison de nous élever contre une infinité d'abus, auxquels donnait lieu la constitution de l'an III, qui, en plusieurs articles, semble avoir été rédigée pour l'avantage de ceux qui l'ont faite et de leurs amis.

On verra que nous avions eu

le courage de les dénoncer, dans un temps où il n'était pas permis de tout dire.

D'ailleurs, notre ouvrage, nullement de circonstance, n'a pas seulement été écrit pour la France : peut-être que les autres républiques y trouveront quelques idées utiles, qui auront souvent leur application.

Nous pouvons assurer que nos lecteurs y remarqueront, sur différens objets, des observations et une critique qui, malheureusement, seront aussi justes dans tous les temps, qu'elles le paraîtront de nos jours aux personnes impartiales, quelques changemens que l'on se propose de faire.

Le gouvernement de tous les peuples tourne sans cesse dans le même cercle, du mal au bien, du bien au mal : il n'y a de différence, que le plus ou le moins entre les intervalles.

Le mieux succède avec lenteur au désordre, à l'anarchie, sous les auspices d'un petit nombre de sages ; et la majorité des méchans, toujours conduite par l'égoïsme et l'intérêt, ne tarde pas à détruire le bonheur public.

Si notre nouvelle constitution renfermait le germe de quelques abus, nous déclarons que nous les ferions connaître avec toute la franchise d'un citoyen vivement pénétré de l'étendue de ses de-

voirs, et persuadé que le gouvernement sous lequel il a le bonheur
de vivre , préfère aux discours
de la flatterie , le langage énergique de la vérité.

CONTRAT

CONTRAT SOCIAL

DES

RÉPUBLIQUES,

ET

ESSAI SUR LES ABUS.

CHAPITRE PREMIER.

De la Religion.

Les religions, depuis l'origine des sociétés, n'ont servi, dans tous les temps, qu'à museler les hommes, afin qu'il fût plus facile de les soumettre au joug du despotisme et de la superstition.

Elles ont d'abord été l'ouvrage de la reconnaissance, soit en faveur des bienfaits de la nature, ou de héros et d'hommes célèbres érigés en divinités : mais les prêtres en firent bientôt le mobile de leur puissance redoutable.

A

Il est à remarquer qu'en tout pays, dans tous les siècles, quelque nom qu'ils aient porté, de quelque couleur qu'ils se soient revêtus, depuis le brachmane, le mage, le gymnosophiste, le druide, le prêtre payen ou catholique, jusqu'au théophilantrope, ils n'ont eu en vue que de satisfaire leur ambition ou leur paresse.

Il est si commode de vivre aux dépens des dupes, et de jouir des respects de la multitude !

Pour mieux en imposer à la foule vulgaire, ils imaginèrent des fables absurdes, qu'ils qualifièrent pompeusement de *dogmes sacrés*; les uns s'érigèrent en graves rêveurs, en interprêtes des *volontés du ciel;* les autres s'assujettirent à des rits, à des cérémonies religieuses, qui avaient pour but secret de séduire l'esprit en éblouissant les yeux.

Ils se réunirent aux rois, qu'ils

cherchèrent aussi à tromper, en les déifiant, et en leur persuadant qu'un prêtre était en relation avec le ciel.

Les rois, par intérêt et par politique, feignirent de les croire.

Tous les arts, à mesure qu'ils se perfectionnaient, contribuèrent à servir les vues du sacerdoce, et devinrent les complices de son pieux charlatanisme. L'écriture, la poésie, l'architecture, la peinture, l'art du statuaire, les accords de la musique, furent autant de moyens dont il se servit pour enchaîner les peuples.

L'universalité des prêtres serait moins blâmable, si elle n'avait eu recours qu'à des fictions, qu'à de brillantes sottises, pour tromper les hommes, enfans jusqu'à la caducité : mais, non contente de subjuguer les esprits par l'opinion, elle voulut aussi régner par la terreur, à l'exemple des tyrans couronnés ; elle inventa

A 2

les peines de l'autre vie, et les sacrifices humains.

Sans les systêmes religieux, à-la-fois ridicules, extravagans et barbares, on n'aurait jamais soupçonné que l'espèce humaine fut susceptible de tant de crédulité.

Néanmoins le vrai philosophe ne dut s'en étonner que jusqu'à un certain point. Qu'attendre d'une matière organisée, qui végète plus ou moins, selon le dégré d'éducation qu'elle a reçue, et les circonstances où elle se trouve ?

Les ministres des autels, qui étaient loin d'être philosophes, surent pourtant tirer parti de l'ignorance des hommes, et de leur penchant à croire les faits les plus merveilleux.

Cicéron a dit que deux aruspices de Rome, qui venaient à se rencontrer, devaient rire intérieurement l'un de l'autre. N'en pourrait-on pas dire autant de nos prêtres modernes ?

Car il est impossible qu'ils soient intimement persuadés des rêveries qu'ils débitent ; hormis qu'ils ne se livrent toute leur vie aux préjugés de l'enfance ou de l'éducation ; ou bien que, semblables au menteur, à force de les répéter, ils ne parviennent à prendre pour des vérités démontrées, les fables puériles dont ils nous bercent.

Celle dont ils tirèrent le meilleur parti avait rapport à l'existence des Dieux. Il semblait, à les entendre, que leurs yeux mortels et profanes avaient vu distinctement des esprits purs et imperceptibles. Ils osèrent s'en dire les agens ; ils assurèrent même qu'ils jouissaient du suprême honneur d'être leurs interprêtes.

Ils avancèrent un autre paradoxe, qui leur fut encore infiniment utile ;

l'immortalité de l'âme. Ils étendirent cette idée aussi loin qu'elle peut aller dans les dissertations métaphysiques et théologiques. Elle prouve seulement l'excès de l'orgueil humain, et rappelle ce blasphême des prêtres chrétiens, que Dieu fit l'homme à son image.

De fameux philosophes dans l'antiquité, nous objectera-t-on, ont soutenu, ainsi que les prêtres, que l'universalité de la nature n'était point Dieu, et que la matière par elle-même ne pouvait penser. Cette ressemblance de principes ne justifie point les ministres des autels : elle prouve seulement que l'intérêt des uns leur fit imaginer les êtres intellectuels, et que les autres les adoptèrent, aveuglés par l'erreur, ou dominés par l'espoir d'acquérir une réputation immortelle, en avançant des opinions extraordinaires.

CHAPITRE II.

De la Monarchie.

L'OPPRESSION des peuples fut redoublée par celle des chefs qu'ils crurent devoir se donner, avant ou après la subjection opérée par les prêtres ; car l'on ignore si les premiers maîtres du genre humain furent des pontifes ou d'heureux brigands.

Ce qui n'est que trop avéré, les hommes ont été, de temps immémorial, esclaves de la superstition, soumis à un Dieu invisible, et dépendans d'un de leurs semblables.

Il est à présumer que le père de famille dicta d'abord des lois à ses enfans et petits enfans, et aux serviteurs qu'il employait.

Ainsi la vieillesse reçut un hommage bien naturel : eh ! que connais-

A 4

sait-on alors de plus respectable que l'expérience des années, et la piété filiale ?

Bientôt on sentit qu'on avait besoin de la protection de l'homme fort et courageux ; et, pour récompense de l'appui qu'il accorda, il fallut lui vouer une servile obéissance.

Mais les protégés ne tardèrent pas à devenir bientôt les opprimés ; ils se virent contraints de seconder l'ambition de leur défenseur, qui les mena contre de faibles voisins, qu'il réduisit sous ses lois, après avoir ravagé et inondé de sang leurs possessions.

Telle fut l'origine des conquêtes et de l'esclavage.

C'est aussi pourquoi les rois disent avec emphase qu'ils doivent leur couronne à Dieu et à leur épée.

Mais ils devraient bien faire réflexion, que ce qui s'est passé dans

l'origine des sociétés, n'a aucun rapport avec les causes modernes qui
les ont portés sur le trône ; causes
aussi étrangèrés à Dieu et à leur
glaive, que les vices et l'inutilité de
certaines personnes, sont étrangers
aux vertus et aux belles actions des
aïeux dont elles se glorifient.

Des soldats élèvent sur un bouclier
un de leurs capitaines, et le procla-
ment roi, général ou empereur ; des
peuples désarmés, ou indifférens sur
le choix d'un maître, suivent doci-
lement cette impulsion : qu'est-ce que
Dieu a de commun avec ce genre de
servitude ?

Influa-t-il davantage sur celle qu'il
plut à un grand nombre de nations
d'adopter ? S'imaginant que leur tranquillité, leur bonheur seraient sans
cesse l'objet des soins et des veilles
d'un chef habile et brave, ils élu-
rent, pour tel, à l'unanimité, l'un

A 5

de ceux qu'ils estimaient le plus, et qui les avaient peut-être séduits par des dehors hypocrites.

Voilà ce que l'histoire nous a transmis sur l'origine des rois, dont la puissance fut d'abord limitée, mais qu'ils étendirent peu-à-peu, jusqu'au despotisme et à la tyrannie.

Pour être plus certains de régner en maîtres, ils se joignirent aux ministres des autels, qu'ils comblèrent de bienfaits et de richesses : ceux-ci le leur rendirent au centuple, en prétendant que les monarques étaient l'ouvrage du ciel.

Ils étaient en effet l'ouvrage de la nature, formés des élémens qui nous composent, et destinés à retourner en poussière, comme le dernier des hommes.

Il y eut quelques-uns d'entre eux qui, simples commandans d'une ville, d'une forteresse, se mirent

tout-à-coup la couronne sur la tête,
et se firent reconnaître rois.

On vit aussi des particuliers, en-
treprenans et hardis, possesseurs
obscurs d'un seul et antique château,
situé à la pointe de quelque rocher,
s'emparer successivement des titres
de comte, de duc, de prince, et à
force d'empiéter, de mettre en jeu
une politique perfide, se saisir d'un
ou de plusieurs royaumes, et ne pas
même borner leur ambition au titre
suprême de monarque.

Ces mêmes princes, jadis trop
heureux d'être gentilshommes, et de
borner leur prétention à tourmenter
de misérables paysans, ont eu l'a-
dresse, ne pouvant se les assujettir
autrement, de se faire déclarer protecteurs de vastes provinces, de puis-
santes souverainetés.

Comment ces peuples sont-ils assez
aveugles, pour ne pas voir que leur

prétendu protecteur ne vise qu'à les diviser, qu'à les affaiblir, afin de les amener un jour au point d'être ses sujets; et de voir leurs villes, leur territoire réunis à ses immenses domaines, qu'il possède, et par droit de conquête, et par droit d'envahissement?

Sous prétexte de défendre leurs droits, et l'intégralité de leur territoire, il les engage, pour son propre intérêt, à des guerres longues et ruineuses. Est-ce que trois ou quatre millions d'hommes, déja soumis aux lois d'un chef, ou pontife, ou guerrier, n'ont pas assez de force pour repousser d'injustes agresseurs, sans avoir besoin de se lier encore au joug d'un nouveau maître?

Les peuples dont il s'agit ici, présentent le spectacle affligeant d'une fédération monarchique, dont la nature est d'imposer un double esclavage.

Il est bon d'observer que la monarchie héréditaire, unie à une république, comme pouvoir exécutif,
ainsi qu'en Angleterre, et celle qui
n'est qu'élective, beaucoup plus mo-
dérée, comme autrefois en Pologne,
ne contribuent qu'à la ruine des nations qui les ont adoptées.

Il est de la nature du pouvoir exécutif de s'emparer, peu-à-peu, des
forces militaires, et de franchir les
bornes de son autorité.

On en a dit assez pour prouver que
la puissance royale, dans toute sa plénitude, loin d'être l'image de l'autorité paternelle, n'est que l'effet de la
tyrannie, et le produit d'une ambition et d'une politique exclusives.

On en pourrait donc conclure que
la monarchie est le comble de l'abus
des pouvoirs et de la servitude.

Ce qui a contribué à la faire paraître moins odieuse, dans les pays
où elle est établie, c'est que l'on

confond le monarque avec la patrie;
ensorte qu'en combattant pour celui-ci, on croit verser son sang en
faveur des lieux où l'on est né, et
se livrer à l'impulsion du plus beau
sentiment qu'on puisse éprouver, sentiment généreux qui a opéré tant de
prodiges dans l'antiquité, et qui s'est
beaucoup refroidi parmi les nations
modernes.

Il est cependant facile de secouer
le préjugé que fait naître, dans une
classe de citoyens, l'éclat de la
monarchie. Il suffit de considérer
qu'un homme seul ne saurait être la
patrie.

Il est donc absurde d'aimer celui-
ci avec un enthousiasme idolâtre. Il
est le représentant du peuple, non
le peuple tout entier.

C'est donc un crime de le servir
aux dépens de son pays. La nature
nous a fait naître citoyen, avant que
sujet d'un roi.

CHAPITRE III.

Des Ministres.

LES monarques, plus occupés de leurs plaisirs que du soin de leurs états, confient à des courtisans, qu'ils décorent du nom de ministres, l'administration de leur pouvoir.

Ceux-ci ne se contentent pas ordinairement de faire exécuter promptement les volontés du prince; ils savent lui suggérer leurs propres intentions; tellement qu'ils font plutôt mouvoir les ressorts de l'empire selon *leur bon plaisir*, que conformément à celui du maître, espèce de mannequin qui n'agit que par des fils cachés.

Si l'on n'y était point accoutumé, pourrait-on s'empêcher de perdre son sérieux, en contemplant un orgueil leux monarque, fier des idées, de la gloire d'autrui, et qui pense rarement d'après lui-même?

Delà tous les ordres arbitraires ignorés à jamais du despote au nom duquel ils sont lancés.

Delà presque toutes les guerres qui dépeuplent l'Europe, occasionnées par le désir que forme un ministre de se rendre utile de plus-en-plus à son maître, et de recueillir la gloire qu'un préjugé barbare attache à l'homme d'état, qui fait incendier le plus de villes, ravager un grand nombre de provinces, et massacrer des milliers d'hommes en batailles rangées.

S'il était possible que les rois se passassent de ministres, il y aurait dans le monde moins d'injustices, moins de calamités.

Les nations gouvernées par la verge ministérielle, au-lieu de cour-

... ... de
... ...
... ...
... de l'autorité à un minis-
... ... les autres l'o...
... ... et le malheur du

... ... tirent un grand parti
... ... viers, une seule con...
... à sa fantaisie le prince qui
... être le seul maître à sa
... Ses favorites distribuent les
grâces, et font la guerre et la paix.
... douceur du beau sexe, sa
... influence dans le palais des rois
... ... ministres, il est étonnant
... les peuples soient si malheureux
... ... changemens de gou-
vernes, dans les monarchies, où les

casionnent beaucoup dans les différentes parties de l'administration.
« Chaque révolution dans le minis-
» tère, dit J. J. Rousseau, en pro-
» duit un dans l'état; la maxime
» commune à tous les ministres, et
» presque à tous les rois, étant de
» prendre en toute chose le contre-
» pied de leur prédécesseur. » Le
gouvernement républicain, dont les
lois sont plus stables, n'est point sujet à de tels changemens, pour de
pareils motifs. Les ministres n'y sont
que les premiers commis du pouvoir
exécutif; ils ne peuvent pas plus innover que ceux qui les mettent en
place, chargés simplement de l'exécution des lois, dans une république
bien organisée.

Le ministre des finances seul y
peut être fort dangereux, quand il
se livre aux conseils perfides des
agioteurs, et que voulant procurer

des secours à l'état, il imagine des impositions plus onéreuses au public que profitables au trésor national. Il ne manque guères de les faire adopter par le directoire exécutif, et celui-ci fait tous ses efforts pour que les législateurs en accablent le peuple.

Un ministre des finances honnête homme, désintéressé, humain, sage économe, sera toujours très-difficile à trouver.

Les ministres des républiques n'ont aucun rapport avec ceux des rois. Ces derniers sont investis d'une partie de l'autorité du prince qui les honore de sa confiance : au-lieu que les ministres républicains, mis en fonction par le directoire exécutif, qui n'a d'autre pouvoir que celui de faire exécuter les lois, et de surveiller les différentes administrations, ne peuvent être employés que comme principaux agens, ou plutôt comme premiers commis.

Il serait donc ridicule aux ministres des républiques , de montrer
d'orgueilleuses prétentions dans leur
place subalterne : ils ne doivent se
glorifier que de faire leurs devoirs
et d'être bons citoyens.

CHAPITRE IV.

Le Régime Républicain.

Las des injustes prétentions du pouvoir monarchique, quelques peuples pensèrent qu'il leur serait facile de se gouverner eux-mêmes, en investissant de leurs droits, pour un tems limité, plusieurs citoyens à-la-fois; et l'on vit naître le gouvernement républicain.

Chaque nation lui donna la forme qui lui parut la plus convenable à sa localité, à sa population, à ses intérêts politiques.

Les républiques de la Grèce, chacune d'une étendue très-bornée, adoptèrent le gouvernement électif; le peuple réuni en masse, nommait les dépositaires annuels de ses lois, ses magistrats, les généraux de ses

armées, ordonnait l'exil des grands
hommes qui lui portaient ombrage.

C'était ouvrir un champ vaste à
l'intrigue, et voguer sur une mer
extrêmement orageuse, couverte
d'écueils.

Aussi ces petites républiques, do-
minées par des chefs ambitieux, et
jalouses d'obtenir le premier rang
dans la Grèce, s'affaiblirent mutuellement par des guerres conti-
nuelles, et se laissèrent envahir par
les Romains.

Elles eussent évité cet affront,
que n'annonçait point la résistance
qu'elles avaient opposée aux armées
innombrables des Perses, si une con-
fédération perpétuelle les avait réunies.

Le triste sort de la Grèce est
une leçon frappante pour toutes les
grandes nations qui voudront se ré-
gir par leurs propres lois. Qu'elles

tiennent toujours resserrés les liens qui les attachent au centre commun ; que leurs départemens ne composant qu'un seul tout, soient comme un faisceau, qu'on ne peut rompre qu'en le divisant.

On ne cesse de nous dire que les républiques sont ingrates, et on leur en fait un mérite. Ceux qui parlent de la sorte prennent le vice d'un gouvernement pour une règle de sagesse.

L'ingratitude dans une nation est aussi odieuse que dans un particulier ; elle l'est même davantage, en ce qu'elle est plus éclatante, d'un exemple beaucoup plus dangereux, et qu'elle tend à éteindre jusqu'au germe de la vertu et des actions héroïques.

Quoique ce ne soit point l'espoir des récompenses qui enflamme les grands cœurs, et les porte à se dévouer pour la patrie, il faut néanmoins qu'on se dévoue à recueillir un digne tribut d'... chérir sa mémoire, et ... un service signalé, on ... en perspective l'exil ou la ...

Ceux qui diffament les princi... publicains, en leur enlevant le sen- timent précieux de la reconnais- sance, ne seraient-ils pas de ces gens qui, ingrats par habitude, voient ce vice par-tout, de même qu'un bilieux voit à tous les objets une teinte jaune ? Ou bien encore, ne seraient-ils pas de ces gens qui, inca- pables de se livrer à l'amour de la patrie, s'efforcent de l'éteindre dans les autres ?

Si les républiques Grecques ont quelquefois laissé échapper des preu- ves d'ingratitude, combien d'hon- neurs et de récompenses n'ont-elles pas décernés à la plupart de leurs législateurs et de leurs héros !

D'ailleurs

D'ailleurs, il faut faire une distinction entre ces anciens peuples,
et les nations modernes : chez eux
l'honneur et la réputation étaient
déjà une grande récompense, témoin les couronnes d'ache, de lierre,
de la branche d'olivier, etc. : au-lieu
que parmi nous, corrompus par le
luxe, et en proie à mille besoins, il
faut que la récompense se mani-
feste par des prix aussi honorables
qu'utiles.

On s'exprimerait avec plus de vérité, en disant que les républiques
ne sont point ingrates, mais qu'il est
des républicains très-sujets à l'ingratitude : élevés aux premières places,
ils ne cessent de crier contre le nouvel
ordre de choses, qui les enrichit et
les a tirés de la poussière.

Ces fonctionnaires publics sont
aussi orgueilleux que peu reconnais-
sans; ils voudraient vous faire croire,

B

par leurs étranges déclamations, que leur mérite aurait brillé dans toute autre circonstance : ils ne prouvent qu'un mauvais cœur.

Les républicains ne sont pas seuls ingrats ; ce vice est inné dans le cœur de tous les hommes. Aussi le sage Pythagore disait-il aux Grecs et aux Italiens de son temps : « Le peuple » n'a de reconnaissance que pour ses » bienfaiteurs absens ou défunts. »

Une autre erreur a fait soutenir qu'une république très-étendue ne pouvait long-temps durer, parce que la désunion se met bientôt dans ses différentes parties.

Nous croyons, au contraire, qu'une grande république, peut braver, bien plus qu'une petite, l'effort des siècles et des monarchies. Les puissances médiocres en deviennent seules la proie ; en vain elles ont recours à des alliances ; le meilleur moyen pour résister, c'est la force.

Ouvrez l'histoire, vous verrez la république Romaine subsister glorieuse et puissante pendant plus de cinq cents années.

Cependant elle était si vaste, que l'Egypte et la France n'étaient alors que deux de ses provinces.

Ses immenses conquêtes ne furent point cause de sa décadence et de sa ruine. Elles n'ont été que l'ouvrage du luxe, cette source corruptrice des mœurs, et néanmoins nécessaire dans les grands empires.

Quelques Romains excessivement riches, se rendirent puissans et redoutables; ils achetèrent les suffrages des soldats et de leurs concitoyens, les subjuguèrent, et ceignirent leur front du diadême, aux acclamations de ces mêmes Romains, jadis si fiers de leur liberté, mais alors si

B 2

lâches, et tellement avilis, qu'ils s'empressaient de tendre leurs mains aux fers dont les chargeaient leurs tyrans.

Ne le dissimulons point, c'est dans les républiques que les intrigans ont le plus beau jeu ; l'ignorance y parvient plus facilement aux places que le mérite.

Si le luxe et la richesse anéantirent la liberté de Rome, ils nous menacent de leur dangereuse influence, ils excitent contre nous un ennemi tout aussi redoutable, l'ignorance effrontée et ambitieuse.

Il n'est que deux moyens infaillibles de détourner loin de nous ces fléaux destructeurs.

Faisons ensorte, par de sages lois, que nous n'ayons point de ces fortunes colossales qui peuvent tout envahir, et ressemblent assez à un fleuve, qui absorbe dans son sein les rivières et les ruisseaux.

Ne confions les postes éminens, les places, les magistratures, non-seulement qu'à l'exacte probité, mais qu'à des citoyens qui aient fait preuves de talens. Il est beaucoup de gens de mérite, quoi qu'en disent ceux qui n'en ont point, et malgré la façon de penser de quelques parvenus.

B 3

CHAPITRE V.

Les Gouvernans.

PAR quelle fatalité se fait-il, dans tous les pays du monde, que dès l'instant qu'un homme est élevé au gouvernement, soit en qualité de roi, de ministre, ou de magistrat républicain, il soit tenté de se croire d'une nature supérieure, et doué de toute la science nécessaire à un homme d'état ?

La réponse à cette question ne sera pas difficile à faire. On connaît toute la latitude de l'orgueil humain.

Cléon sait à peine lire ; son babil, son audace le font parvenir à l'une des premières places d'une république ; aussi-tôt il s'imagine être très-versé dans la tactique militaire ; il se persuade qu'il joint à l'habileté d'un

grand général, la connaissance profonde de la politique, et il regarde
en pitié tous les hommes.

Timante, médiocre avocat, ne
savait longuement parler que sur
Cujas et Barthole, ou sur la nouvelle législation de son pays : il est
mis à la tête d'une administration
immense, véritable grimoire pour
son esprit borné ; et le voilà qui discute toutes sortes de matières : il dé-
raisonne avec une prolixité assom-
mante ; mais il est en place, il trouve
des flatteurs qui l'encensent, et
il s'admire encore plus qu'il n'est
adulé.

Il est rare, dans une monarchie,
de voir des originaux aussi ridicules.
Les courtisans y ont du moins le bon
esprit de se mettre à-peu-près à leur
place.

Il est vrai qu'on y a vu quelquefois un militaire ministre des

finances , un magistrat ministre de la marine.

Ces administrateurs si déplacés trouvaient du moins dans leurs bureaux , des commis intelligens , anciens employés dans leurs parties , qui les guidaient habilement , et les empêchaient de faire des sottises.

En est-il toujours de même dans les républiques ? Laissons répondre les administrés.

Indépendamment des connaissances que doivent avoir les gouvernans , ils sont établis , chacun dans leur genre , pour s'occuper du soin de réformer les abus , et pour travailler sans cesse au bonheur du peuple.

Leur institution est excellente. Mais , loin de porter l'ordre et la fécité dans les objets soumis à leur surveillance, ils s'endorment nonchalamment au sein de la mollesse ; ils

font naître eux-mêmes une infinité
d'abus.

La preuve de ce que nous avan-
çons serait facile à apporter. Un
mot suffira. Depuis tant de siècles,
qu'il est des gouvernans dans les
sociétés policées, ou prétendues
telles, les choses en marchent-elles
mieux, voit-on moins de crimes,
les peuples sont-ils plus fortunés ?

Nous sommes fâchés de le dire,
mais tant que le monde durera, les
gouvernans s'occuperont tout aussi
peu de la tâche importante qui leur
est confiée.

Que les monarchies se justifient
comme elles l'entendront ; occupons-
nous, dans ce moment, des seules
républiques.

C'est principalement à leur égard
que les principaux personnages,
chargés de l'exécution des lois, doivent être appelés *gouvernans*.

B 5

Ce n'est que dans les monarchies, où le pouvoir exécutif a envahi celui de faire des lois, que cette puissance despotique peut être appelée *gouvernement*.

Mais, dans une république, on ne devrait connaître pour *gouvernement*, que la puissance législative.

Nous reviendrons peut-être encore sur cet objet; mais il est, de nos jours, d'une importance extrême : faisons du moins disparaître l'abus des mots; il est aussi difficile à déraciner que celui d'erreurs bien plus graves, dont les suites sont plus funestes.

Étonné des élections ridicules qu'on remarque assez souvent dans les états républicains, et de leurs étranges promotions aux places, le sage, qui veut tout approfondir, se demande quelle peut en être la cause?

On ne doit pas se contenter de répondre ici que la masse du peuple n'est guères éclairée. Il est encore d'autres causes qui l'aveuglent au moment de faire ses choix.

Il se laisse d'abord séduire aisément par le babil et l'effronterie des candidats.

Un riche ignorant n'a pas de peine à l'éblouir : une statue d'or, grossière et informe, attirerait tous les regards, bien plus que le chef-d'œuvre en marbre d'un habile statuaire.

Les élections populaires ne sont-elles pas l'ouvrage du parti qui domine ? Heureux quand le patriotisme parvient à l'emporter !

Qu'arrive-t-il lorsqu'un parti veut ramener les choses à un ordre nouveau ? S'il y a du danger à le tenter, il est trop prudent pour exposer les siens au péril ; il choisit dans le parti qui lui est opposé, les êtres les moins

B 6

faits pour attirer l'attention, et les plus dépourvus de toute espèce de talent.

Combien de candidats se félicitent de la préférence qu'ils ont obtenue, qui seraient bien honteux de cet honneur suprême, s'ils savaient pour quel motif secret on le leur a accordé !

D'un autre côté, les élus populaires, qui doivent nommer à différens postes, où les lumières de citoyens choisis leur seraient nécessaires, et les seconderaient dans leurs propres fonctions, n'ont garde de jeter les yeux sur le vrai mérite, ils en seraient trop éclipsés ; ils se décident en faveur de demi-talent, ou d'hommes sans caractère ; et ont toujours la funeste gloire d'être les premiers personnages d'une république.

Glorifiez-vous donc, vous qu'ils

appellent au second rang , et vantez-nous le soin extrême que vous mettez tous à gouverner les peuples.

CHAPITRE VI.

La Guerre et les Militaires.

LA guerre est la dernière raison des rois, ainsi que des puissances politiques, et l'oppression désastreuse de toutes les nations.

Elle fut mise en usage pour défendre la faiblesse d'un peuple, ou pour repousser les attaques et l'irruption des hordes voisines.

De nos jours la guerre est l'ouvrage des passions d'hommes sans humanité, qui se jouent de la vie de leurs semblables.

Comment les personnages qui, pour un caprice, pour acquérir une ville ou une province, se plaisent à faire égorger des cent mille hommes, peuvent-ils croire qu'il y a un Dieu?

La guerre la plus juste, s'il y en

avait une dans nos temps modernes,
ne serait pas moins un crime, un atten-
tat contre la nature : que faut-il donc
penser de celle qui n'a d'autre motif
que l'espoir des conquêtes ; que la
politique barbare de certains individus qui n'ont d'humain que la figure ?

Aux yeux de certains personnages,
qui se croient des dieux, parce que
le hasard, ou des circonstances heureuses, les ont placés dans un rang
supérieur, les hommes sont de vils
troupeaux, parqués pour leur usage,
qu'ils ont le droit d'armer les uns
contre les autres, et de faire s'entre-
égorger.

Le systême de la paix perpétuelle,
du bon abbé de Saint-Pierre, cessera
de n'être qu'une chimère brillante,
quand la raison et l'humanité rem-
placeront la politique ; quand les nations seront gouvernées par des sages
au-dessus de toutes les faiblesses.

Alors la gloire consistera à faire régner l'ordre et l'harmonie dans toutes les contrées; et les gouvernans n'aimeront pas plus à faire battre leurs inférieurs, qu'à se battre eux-mêmes.

S'il s'élevait un différent considérable entre deux peuples voisins, aussi-tôt un aréopage serait formé, composé de vieillards vénérables; et leur décision, après un mûr examen, serait regardée comme un arrêt du ciel.

Mais n'est-ce pas rêver, à l'exemple de l'estimable abbé de Saint-Pierre, que de s'imaginer qu'un jour les hommes deviendront meilleurs, et se persuaderont qu'ils sont tous frères ?

Pour que la paix perpétuelle régnât dans le monde, il faudrait que les gouvernemens éprouvassent des changemens aussi extraordinaires que ceux qu'a subi notre globe depuis des milliers d'années.

Les guerres éternelles qui le ravagent, et le couvrent d'ossemens et de cadavrès, ne seraient-elles pas une suite des violentes secousses qu'ont imprimées les irruptions successives des barbares du Midi et du Nord, et dont tirent habilement parti des ministres pervers, ou des gouvernans ambitieux?

Les nations de l'Europe sont encore nouvelles. Peut-être qu'à force de fraterniser ensemble, elles s'éclaireront mutuellement, n'auront plus rien des Scythes, des Celtes, des Huns, des Goths, des Vandales, et ne composeront plus qu'une seule famille, répandue dans un immense domaine.

Si les contradictions de l'esprit humain pouvaient nous étonner, qui n'aurait lieu d'être surpris de voir les chefs éclairés de plusieurs nations, défendre les duels sous les peines les plus sévères , et faire combattre en même-temps leurs soldats contre d'autres guerriers , dont ils n'eurent jamais à se plaindre ?

Les guerres seraient moins injustes et moins sanglantes , si tous les soldats étaient des citoyens éclairés, ne prenant les armes qu'après un mûr examen.

On a dit qu'il ne fallait pas que les troupes délibérassent : cela peut être vrai quand elles se sont mises en campagne; mais pourquoi, avant de se soumettre aux ordres d'un général , à la sévérité de la discipline, n'auraient-elles pas le droit de savoir s'il leur convient de prendre les armes?

Les soldats ont fondé des empires, affermi des trônes; mais il faut convenir qu'ils en ont aussi beaucoup renversé.

La force armée est semblable à l'Océan, qui paraît calme, paisible, et soudain devient furieux, inonde et bouleverse son rivage.

Une seule chose ternit la gloire du soldat enrôlé sous les drapeaux des rois ; il est le bras exécutif du gouvernement ; et, si ses chefs le lui ordonnent, il va égorger de sang-froid ses concitoyens, ses amis, ses frères.

Peut-on se dissimuler que les militaires sont des espèces d'esclaves, soldés pour égorger des gens qu'on dit être leurs ennemis, mais avec qui ils n'ont eu rien à démêler ?

Considérons quel est le sort du soldat roturier dans quelques états de l'Europe.

En Angleterre, quand il s'est enrôlé, c'est pour toute sa vie.

En Prusse, les citoyens sont militaires dès le moment de leur naissance. Ils sont assujettis à une sévère discipline. Il est bien entendu qu'ils ne jouissent d'aucune liberté, si ce n'est de celle de tourner à droite, à gauche, de marcher en avant, et ils ont la consolation, s'ils parviennent à vieillir dans le service, de demander l'aumône avec un bras ou une jambe de moins, et quelquefois privés des deux.

Les soldats sont à-peu-près aussi malheureux dans les autres royaumes du Nord, et dans les principautés et les électorats d'Allemagne. Ainsi que les précédens, ils ne peuvent atteindre qu'au grade de sergent. Un avancement considérable est un phénomène très-rare, qui tient du prodige. Ajoutez encore que pour la moindre faute, on leur applique une volée de coups de bâton; qu'à Saint-Pétersbourg, on leur inflige, pour surcroît, le supplice affreux du knout, mais qui n'est point infamant, et qu'on les relègue dans les déserts glacés de la Sibérie.

La cavalerie, dans ces différens états et empires, est traitée avec beaucoup plus d'égards, à cause des chevaux.

Les cavaliers Turcs ou spahis et timariots, sont des espèces de bénéficiers, ainsi que les janissaires; mais si les uns et les autres s'avisent de murmurer, ils ne tardent pas à être étranglés, ou jetés dans la mer, renfermés dans un sac de cuir.

Il n'en est pas de même dans les républiques. Le soldat a pour perspective de s'avancer dans le service, à mesure qu'il expose ses jours pour la patrie; il peut être promu au grade de capitaine; même d'officier-général.

Il n'a à craindre que les passe-droits, occasionnés par la protection de la maîtresse d'un commis ou d'un garçon de bureau.

Malgré l'égalité des droits, souvent un réquisitionnaire, un jeune conscrit, en arrivant à l'armée, se trouve officier ou aide-de-camp.

Floricourt, encore imberbe, était commis dans un bureau, tout-à-coup il quitte la plume, ceint l'épée, endosse un brillant uniforme, et le voilà commissaire des guerres.

Mars respecte les vieux guerriers, mais la fortune, qui est femme, accorde plus volontiers ses faveurs aux jeunes soldats de vingt ans.

Faut-il s'étonner de voir souvent des défenseurs de la patrie, criblés de blessures, mutilés après avoir combattu avec gloire, traîner des jours malheureux, gratifiés d'une pension modique, n'ayant d'autre consolation que de raconter leurs exploits ?

Un tel dénuement, aussi peu mérité, et heureusement assez rare, prouve qu'en effet les républicains sont quelquefois ingrats.

Mais les autres gouvernemens le sont bien davantage à l'égard de leurs militaires.

Quelle mesure est-il convenable d'adopter, dans les états républicains, pour recruter les armées, ou pour tenir sur pied une force militaire suffisante ? Un gouvernement sage doit s'y proposer, à cet égard, des moyens économiques, prompts et faciles, et qui ne soient point onéreux à la population.

Il faut d'abord commencer par suivre l'usage qui, depuis des siècles, se pratique en Suisse, et, en partie, dans la Prusse. Les jeunes gens y sont dressés au maniement des armes, à la tactique militaire ; une fois par mois ils font des exercices, répétés en grand à certaines époques de l'année. Ils ne touchent une solde que lorsqu'ils sortent en corps d'armée du territoire de leur patrie.

Depuis dix-huit jusqu'à vingt-cinq ans révolus, tout citoyen sera inscrit comme soldat. Ceux qui se marieront, dans cet intervalle, ne seront point exempts du service militaire ; mais ils seront promus tout de suite au grade d'officier.

En cas de guerre, la classe la plus âgée des défenseurs de la patrie marchera à l'ennemi ; les autres seront réparties dans les villes frontières, et formeront, en seconde et troisième ligne, deux armées de réserve.

On fera tirer au sort tous les soldats qui devront prendre les armes, afin de conserver dans les campagnes un nombre de laboureurs suffisant, et de laisser aux ateliers les bras dont ils ont besoin.

Toute

Toute la jeunesse s'attendant chaque jour à voler dans les camps, à
la voix de la patrie, loin de voir
comme un désastre le moment de
tirer au sort, enviera le bonheur de
ses camarades, qui obtiendront cette
préférence honorable. D'ailleurs ces
jeunes républicains peuvent-ils manquer d'aimer la gloire, en combattant pour leur pays, commandés
par leurs égaux, et en ne pouvant
douter que leurs services et les belles
actions obtiendront la plus flatteuse
récompense ?

C

CHAPITRE VII.

Pacte Social.

CE qui vient d'être dit, jusqu'ici, ne prouve que trop que l'homme, en société, est le plus malheureux des êtres.

Lorsqu'il errait dans les bois, où il ne vivait que de gland, couvert de feuillages, ou de la peau de quelque animal, il avait de la peine à trouver sa misérable subsistance, et un peu d'eau pour étancher sa soif. Il lui fallait, chaque jour, se battre corps-à-corps contre les bêtes féroces, qui le déchiraient avec leurs griffes tranchantes.

Il voit un avenir plus fortuné, en se réunissant en troupe; il a des bestiaux, il a des terres qu'il cultive; enfin il bâtit des villes, et, sous la protection d'un chef, il jure d'obéir à des lois sociales, qui doivent mettre en sûreté ses propriétés et sa vie. Qu'arrive-t-il de cet arrangement ? Il double la somme de ses maux, et se condamne à exister au milieu de ses semblables, plus cruels que les bêtes carnassières, qu'il a fui du fond des déserts.

La société à laquelle il s'est enchaîné, a promis de défendre ses jours et ses possessions. Lui s'est obligé, en revanche, à contribuer aux frais du gouvernement, ainsi qu'aux guerres que l'on ne pourrait éviter, et à servir de sa personne dans toutes les occasions.

Le malheureux ! il est la première victime des lois auxquelles il a consenti. Il s'apperçoit trop tard que les premiers personnages, dont il a fait ses maitres, n'ont imaginé des réglemens qu'en leur faveur. Le pauvre est tout-à-la-fois méprisé et opprimé ; il n'a rien, et il est astreint à veiller sur les possessions d'autrui.

Pourquoi le vol est-il puni de mort? Parce que les riches ont fait cette loi meurtrière.

Tandis que l'infortuné, pressé par la faim, qui dérobe une brebis, ou d'autres effets, est traîné à l'échafaud, quelle punition subit le riche qui vole des biens immenses, qui ruine un peuple entier ? Aucune; il est, au contraire, chéri, honoré ; il vit dans l'aisance ; il est entouré d'une foule d'esclaves qui chante ses louanges ; on lui prêterait des vertus, s'il ne dédaignait de paraître en avoir.

Ce n'est pas tout ; l'homme en société s'est inconsidérément soumis à une infinité de besoins, qui le tourmentent, le tyrannisent, et dont il pourrait se passer, si ses pareils,

qu'il fréquente, étaient plus raisonnables (1).

Malheur au citadin qui n'a pas
d'or ! Que lui servira d'être honnête
homme, d'avoir des talens et du
mérite ?

Avec de l'or on acquiert tout ce
qu'on veut, de nombreux amis, et

---

(1) On sait que les philosophes les plus
estimables, entre autres Pythagore et J. J.
Rousseau, ont célébré le bonheur de
l'homme dans l'état primitif, et ont
déploré les maux qu'il éprouve dans les
liens de la société civile. « Crotoniates !
» (dit Pythagore, beaucoup plus sage
» que le citoyen de Genève) gardez le
» souvenir d'Hilliscus, qui se retira au
» fond des forêts, pour étudier les mœurs
» de l'abeille indépendante, de préférence
» aux lois de l'homme esclave au sein des
» villes. » Il ajoute ailleurs, dans son style
figuré : « S'il m'est permis de croire à la
» métempsycose, pendant les vingt mille
» années de mon existence, j'ai vu bien
» des pays, sans y rencontrer un seul gou-
» vernement probe, un seul peuple heu-
» reux. » (*Lois de Pythagore.*)

C 3

jusqu'à de l'esprit et des vertus !

Le riche n'a que l'apparence de la félicité, de la considération dont il jouit : que lui importe ? Tout n'est-il pas illusion dans ce monde ? Il vit heureux, tandis que la probité est dans l'infortune ; c'est tout ce qu'il désire.

L'homme en société a bien encore d'autres ennemis, d'autres tourmens que les besoins du luxe : il est agité par les passions, précurseurs des crimes, et il est déchiré par les remords.

De rares talens l'élèvent-ils au-dessus de ses semblables ? Aussi-tôt l'envie répand l'amertume sur ses jours, et, ne pouvant atteindre jusqu'à lui, elle s'efforce de l'abaisser jusqu'à elle.

Pour vivre dans la postérité, il meurt dans la douleur.

Il brigue l'immortalité, cette gloire

chimérique ; et il n'en jouit qu'en cessant d'exister.

Tant qu'il vit, il est la proie des envieux, et le mépris des sots.

Ce n'est qu'avec trop de raison qu'on peut reprocher à tout acte constitutionnel de *fonder* des pouvoirs, au-lieu de *fonder* le bonheur des peuples sur des bases fermes et durables.

Les réglemens concernant les autorités, sur-tout les premières d'une république, sont clairs, réfléchis, et ne manquent point leur but, qui est de maîtriser la multitude, et d'honorer le petit nombre des gouvernans.

Cela ne peut guères être autrement; à la bonne heure ; mais pourquoi tout ce qui a rapport spécialement au peuple, est-il dit d'une manière vague et obscure ? Pourquoi lui assure-t-on la garantie de ses droits sur des principes admissibles seu-

C 4

lement dans l'état primitif des sociétés ?

Remarquez encore qu'on lui donne d'anciens *principes* tombés en désuétude pour garans de ses droits, et que *les pouvoirs* sont établis d'après des lois récentes et solemnelles (1).

A quel bonheur l'homme civil a renoncé en quittant les bois ! Il vivait libre et sans maître, au sein de la paix et de l'innocence. Une seule compagne faisait sa félicité. Venait-elle à l'abandonner, l'infidélité ne lui semblait qu'un vœu de la nature.

Le sort à venir de ses enfans ne l'alarmait point ; il ne songeait, ni

_____

(1) « Législateur ! ne t'y trompe pas : les » droits de l'homme n'appartiennent point » aux peuples ; par la raison que les hom- » mes devenus peuples, cessent d'être des » hommes. » (*Lois de Pythagore.*)

à les établir avantageusement, ni
à leur procurer des emplois honorables, ni à leur laisser des rentes :
il lui suffisait de leur assurer quelque
peu de gland, et la dépouille d'un
animal pour se vêtir.

Il était doué d'une précieuse sensibilité, qu'il n'a perdue qu'en vivant avec ses semblables réunis ; et
il n'aurait jamais connu l'égoïsme,
né de l'indifférence et de l'amour exclusif de soi-même.

L'habitude seule nous empêche de
sentir tout le désagrément d'être ren-
fermé dans les murailles d'une ville.

Nous ne jouissons plus des beautés
de la nature, des sites d'une campagne agréable, des charmes ravis-
sans du lever de l'aurore, et des
premiers rayons du soleil, qui viennent dorer le sommet des montagnes,
et ranimer la verdure, les fleurs, et
tout ce qui respire.

Au-lieu d'entendre le murmure
d'un ruisseau, le ramage de mille
oiseaux divers, nous sommes assour-
dis par un bruit, par un tintamare
affreux. Au-lieu de respirer le parfum
embaumé des plantes, de la douce
violette, des arbustes fleuris, notre
odorat est désagréablement affecté
par les émanations d'un air corrom-
pu, et nous sommes entourés d'êtres
qui le sont encore davantage.

Soumis aux lois de la société, nous
rougissons de nos jouissances, de
nos plaisirs, de nos amis.

A la vue des injustices, des crimes
qui se commettent autour de lui, le
sage serait tenté de s'enfuir dans un
désert, s'il ne craignait d'y rencontrer des animaux féroces, qui se
dévorent entre eux : image frappante
de l'homme en société.

Dans les premiers siècles, l'homme était fort et robuste, son

active énergie doublait encore la vigueur dont il était doué : on pouvait le comparer alors à un superbe géant dominateur de l'univers. La durée de sa vie égalait celle des chênes, dont il avait la majesté et la vigueur.

Maintenant il n'est plus qu'un nain, faible, débile, en proie aux maladies, étranger aux grandeurs, aux merveilles de la nature ; il est principalement la preuve que tout périclite et s'use dans le monde sous les efforts du temps et des siècles. A peine son existence est-elle commencée, que le tombeau s'ouvre pour l'engloutir. Il se plaindrait de ne vivre qu'un moment, si le sommeil de la mort ne lui procurait le repos qu'il a vainement cherché.

Les femmes seules ont trouvé quelque avantage dans la réunion des hommes en société. La parure

C 6

et les modes donnent à leurs charmes plus d'éclat ; elles ont un grand nombre d'adorateurs ; elles sont aimées avec plus de délicatesse, si ce n'est avec autant de sincérité et de constance. Elles dictent des lois aux législateurs, aux magistrats, aux guerriers ; elles commandent aux rois comme aux républicains.

La civilisation a procuré une existence agréable aux femmes ; mais qu'elle leur a fait perdre de biens réels, d'excellentes qualités et de vertus !

Avant l'origine des sociétés, elles n'avaient ni migraine, ni crispation de nerfs, et elles étaient certainement meilleures mères que de nos jours.

Qu'il y a de siècles qu'on ne parle plus de bonnes mœurs ni de fidélité, et que la principale étude des femmes est de plaire et de séduire !

CHAPITRE VIII.

La Patrie.

Toutes les vertus que regrettent les moralistes se trouveraient encore dans le monde, si on y voyait régner l'amour de la patrie (1).

C'est de ce sentiment sublime que naît l'élévation de l'âme, ou plutôt l'élévation de l'âme ne manque pas de le produire.

Il a donné lieu aux sacrifices généreux, aux actions héroïques dont l'histoire nous a conservé le souvenir, et que bien des gens regarderaient comme autant de paradoxes, si les faits pouvaient être révoqués en

(1) « Rappelles le mot patrie à sa véri-
» table signification : qu'il soit le synonime
» de *maison paternelle.* » (*Lois de Pythagore, recueillies par Sylvain Maréchal.*)

doute, ainsi que les raisonnemens.

Les républicains de la Grèce et de Rome plaçaient l'amour de la patrie au-dessus de toutes les vertus, même de l'attachement paternel ; de la piété filiale, des devoirs des épouses et des maris.

Ils lui sacrifiaient, avec joie, tout ce qu'ils avaient de plus cher, et leurs biens et leurs jours.

Ce n'est pas seulement pour le lieu de leur naissance qu'ils éprouvaient ce sentiment presque surnaturel ; un Grec né à l'extrémité de ~~la Saione~~ faisait son idole de Lacédémone, et mourait pour elle. L'habitant de l'Attique s'enflammait pour Athènes. Le citoyen du Latium ou de l'Italie voyait tous ses dieux dans Rome.

Il n'en est pas tout-à-fait de même du fanatisme pour la royauté ; ce ne sont que les courtisans, ou ceux qui

jouissent ou espèrent des faveurs de
la cour , qui se dévouent à leur
prince, dont ils font un Dieu sur la
terre , et qu'ils regardent comme
leur patrie.

L'espèce humaine déclinant chaque jour , tant au moral qu'au physique, le patriotisme n'est plus qu'un
sentiment très-faible , une étincelle
du feu sacré , qui , sans l'intérêt ,
serait éteinte depuis long-temps.

Connaîtrait-on l'apparence même
de l'amour de la patrie, dans les républiques modernes , si on ne trouvait un avantage réel à s'en décorer ?

Un grand abus très-nuisible à la
chose publique , est de ne donner les
places qu'à ceux qui en ont déjà eues.

Il est encore plus dangereux d'ac-
cumuler trois ou quatre places sur
un seul individu.

Vous regardez donc les lumières
et le mérite comme bien rares , dans

toute une nation, puisque vous char-
gez sans cesse les mêmes personnages
du poids des magistratures, ou du
soin de surveiller différentes administrations ?

Si l'on s'indigne contre les gouvernans qui gratifient un seul personnage de plusieurs places, quel sentiment doivent inspirer ceux qui les
acceptent ?

Ces fonctionnaires *universels* ne
montrent que de l'intrigue et une
avidité insatiable : ils n'ont point de
talens pour servir la république ;
mais, en revanche, ils ont des mains
pour prendre les émolumens qu'elle
accorde.

Ne croyez vrais patriotes que ceux
qui prouvent, par de grands sacrifices, ou des services signalés, qu'ils
le sont en effet.

L'amour de la patrie ne se démon-
tre point par des discours, par des

motions , ni par des écrits empha-
tiques ; il faut avoir rendu des services réels à son pays.

Qui serait assez simple pour ajou-
ter foi au patriotisme de ce fonctionnaire public jouissant de cent
mille livres de rente , ou bien de cet
employé si grassement salarié par
sa république ? Il vaudrait autant
croire à la rigide piété d'un riche
prélat ou d'un cardinal.

On fait métier de tout aujourd'hui
dans le monde , et même de l'affectation des vertus : au gré de l'intérêt
personnel , l'un serait royaliste ,
l'autre républicain ; celui-ci est un
saint prêtre , l'autre un ardent théophilantrope.

Faut-il croire au patriotisme de
ce brave soldat qui verse son sang
pour son pays ? — Oui , si l'on ne
pouvait le soupçonner de vouloir
être un jour officier supérieur.

CHAPITRE IX.

Le Directoire exécutif Français,
et celui des autres Républiques
modernes.

LES fonctions du directoire exécutif
français, ainsi que de celui des autres
républiques, consistent à faire exécuter les lois, à veiller sur toutes les
autorités, à prendre garde que la
nation soit respectée au - dehors,
heureuse et tranquille dans l'intérieur.

C'est à tort qu'on nomme les membres du pouvoir exécutif, les premiers magistrats du peuple, puisqu'ils n'ont pas de tribunal, puisqu'ils ne jugent point ; ils ordonnent
la poursuite des délits, ils ont la
tâche de surveiller.

Peuvent-ils faire la paix ou la

guerre, par leur propre volonté ?
Non, ils ne peuvent que proposer
les traités ; et le corps législatif les
approuve ou les rejette.

Ils ont encore l'initiative sur les
lois à rendre : mais tout citoyen
jouit de cette prérogative.

Leurs fonctions sont assez importantes, sans qu'il soit besoin de leur
en supposer d'autres (1).

Il est si beau de maintenir l'ordre
dans un empire, sur-tout dans un
temps où le désordre est l'objet des
vœux de tant de mauvais citoyens !

Un directoire exécutif n'est point
et ne saurait être le gouvernement,
ainsi que nous l'avons observé plus
haut ; lui donner cette qualification,

---

(1) « Les dépositaires de la puissance
» exécutive ne sont point les maîtres du
» peuple, mais ses officiers. » (J. J. Rousseau, *Contrat Social.*)

c'est faire un étrange abus des mots, et bouleverser toutes les idées.

Comme il est très-vrai que les lois seules régissent un état, il est aussi avéré que les représentans du peuple, dans une république, forment seuls le pouvoir qu'on doit appeler *gouvernement*, puisqu'ils sont la source d'où émane la puissance législative, qui régit un peuple bien constitué.

Il n'en est pas de même dans une monarchie, où les principaux pouvoirs, confondus, sont réunis dans la même main : le gouvernement n'y est autre chose que la force exécutive, parce qu'il s'y est emparé de la puissance des lois, dont il n'était, dans l'origine, que le premier ministre.

Ne dit-on pas tous les jours, même dans les monarchies : *Nous sommes gouvernés par les lois?* Pourquoi les républicains veulent-ils l'être par des hommes ?

Accoutumons-nous à nous former des choses une idée juste ; et nous aurons moins de préjugés, dont il est tant de gens qui savent tirer parti.

Les hommes en place ont un tel penchant à franchir la limite de leurs pouvoirs, qu'il est à craindre que les membres d'un directoire exécutif n'aient aussi cette manie funeste.

Si l'intégrité qu'ils doivent apporter dans leurs fonctions, ne les maintient dans les justes bornes qui leur sont prescrites, ou ils renverseront la république, ou ils se précipiteront eux-mêmes du faîte des honneurs auxquels ils sont élevés.

Les républicains sont très-jaloux de la puissance qu'ils accordent ; toujours disposés à concevoir de l'ombrage, ils saisissent le moindre prétexte pour détester ou pour punir ceux qu'ils ont placés le plus haut.

Ne confondons point l'inquiétude populaire avec l'ingratitude : l'une est un sentiment souvent excusable, l'autre est un vice odieux.

Les directeurs suprêmes sont constamment entre l'estime publique et l'échafaud.

Qu'ils fassent le bien, ils n'ont rien à craindre, ils recueilleront un juste tribut d'éloges et la vénération générale.

Mais si l'orgueil leur fait perdre la tête, si leur surveillance est tyrannique, le moindre châtiment qu'ils doivent attendre, c'est le mépris et la haine.

Ils ne doivent pas seulement s'interdire des désirs trop ambitieux, qui les portent à s'écarter du cercle dans lequel ils se trouvent circonscrits;

crits ; ils sont encore menacés d'un
autre inconvénient, beaucoup plus
grave, celui d'avoir accepté une place
éminente, sans avoir les talens nécessaires pour la remplir dignement.

Eh ! quelles nombreuses connaissances ne faut-il pas avoir acquises,
quelle éducation soignée ne faut-il
pas avoir reçue, pour être digne
de se voir à la tête de toutes les
autorités constituées !

Il faut tout-à-la-fois être juris-
consulte, versé dans la politique,
dans la diplomatie, cette science
obscure et trompeuse des cours, et
prenant mille formes au gré des
circonstances ; il faut exceller dans
la tactique militaire, dans la science
financière ; il faut encore posséder
une connaissance qui ne s'acquière
point dans les livres, celle des
hommes.

Il semble, au premier coup-d'œil,

D

que le pouvoir exécutif n'ait pas besoin de tant de lumières : mais il
faut, par son mérite personnel,
honorer la place qu'on occupe, et
non pas en être honoré.

Assez d'intrigans ignares et peu
famés, parviennent, dans une république, aux emplois subalternes :
ah ! que du moins les premiers emplois en soient remplis par les talens
et la vertu !

L'amour-propre nous aveugle
sans cesse. Craignez, directeurs ou
consuls, de vous laisser séduire à
ses illusions trompeuses. Comment
distinguerez-vous les hommes instruits, faits pour former votre conseil ? Comment aurez-vous assez de
sagesse et de modestie pour recueillir
des avis salutaires ?

L'ignorance est présomptueuse, et
ne peut concevoir qu'elle ait fait des
sottises.

Le refus d'une grande place, dont il se croit indigne, couvre d'honneur l'homme même qui se rend justice.

Combien de reproches n'avez-vous pas à vous faire, ô législateurs ! ô représentans du peuple ! quand vous mettez aux premiers postes de la patrie l'intrigue rampante, ou la stupidité orgueilleuse !

Que résulte-t-il des choix que défendait la prudence, que réprouvait la raison, lorsqu'ils intéressent la république entière ? Des inepties fatales mettent le trouble et le désordre de toutes parts. Elles font rire les uns de pitié, elles portent le désespoir dans le cœur des autres. La république, malheureuse dans l'intérieur, est méprisée au-dehors. Ses armées, incomplettes et dénuées de tout, coûtent beaucoup plus que si elles étaient trois fois plus nombreuses ; et l'ennemi remporte sur

elles des victoires faciles. Les agioteurs, tels que des vampires, sucent
le sang du peuple, et ils sont protégés.

Chargés de l'exécration publique,
ces indignes directeurs sont enfin ex-
pulsés, et sont trop heureux de traîner dans le mépris le reste de leurs
jours.

Quelle différence! ils prétendaient
à la gloire, ils ne recueillent que l'infamie. Ils éprouvent le remords du
mal qu'ils ont fait, et du bien qu'ils
ont été incapables de faire.

Leur supplice intérieur est aggravé,
si une loi irréfléchie leur a concédé
le droit de nommer, en certaines occasions, les magistrats du peuple,
et s'ils sont maîtres, dans tous les
temps, des emplois, des ambas-
sades, d'une partie des grades militaires, de la nomination des généraux
d'armée.

Quand les premiers fonctionnaires

publics ont toutes les places à leur disposition, qu'ils commettent d'injustices! qu'ils font de mauvais choix! que d'erreurs graves ils ont à réparer!

Qu'on ne croie pas qu'étant responsable de la conduite de ses agens, et de ceux de la république, un directoire exécutif doive être investi de la faculté de les nommer tous. Une sage politique veut qu'il n'ait que le choix de ses commissaires.

Un directoire exécutif n'est pas le gouvernement suprême; il n'est que chargé de surveiller ceux qui en font mouvoir les ressorts; il est investi du droit de faire exécuter les lois : ne lui déléguez donc pas l'autorité du souverain, en lui confiant toutes les promotions. Qu'il se fasse rendre compte de la conduite des principaux agens, tels qu'ambassadeurs, envoyés dans les colonies, etc. etc. Mais qu'il n'ait pas le droit de les nommer, ni de les destituer. Qu'il n'ait aussi, sur cet objet important, que la seule initiative. La république de Venise, dans son oligarchie, n'avait-elle pas trois pouvoirs, qui se balançaient l'un l'autre, et maintenaient l'équilibre ?

Accorder aux membres d'un directoire exécutif la promotion arbitraire des magistrats du peuple, en quelque occasion que ce soit, c'est enfreindre l'acte constitutionnel, c'est attenter aux droits sacrés de la nation.

Mettre toutes les places à la nomination de ce même directoire, c'est commettre, en politique, une faute beaucoup plus grave, et dont les suites sont infiniment dangereuses.

Vous ajoutez à des pouvoirs déjà très-grands en eux-mêmes ; vous attachez presque tout l'empire aux volontés, aux faveurs de cinq hommes, ou de trois, plus ou moins, que vous mettez par-là fort au-dessus des représentans de la nation, qui font les lois, et fort au-dessus de votre constitution.

Encore quelques prérogatives de plus, vous faites des rois de vos membres du pouvoir exécutif, d'autant moins supportables, qu'au-lieu d'un, ils seront plusieurs despotes.

Est-il bien raisonnable que ce nombre de républicains, tel qu'il soit, commande les armées, élise les généraux, les ambassadeurs, dirige les tribunaux, casse les nominations du peuple, en fasse de nouvelles, donne audience aux envoyés des princes, soit le dispensateur des grâces et des récompenses?

Voilà une égalité républicaine un peu extraordinaire.

Ceci rappelle l'observation de J. J. Rousseau, observation que les répu-

D 4

blicains ne devraient jamais perdre de vue. « Quand le peuple a des chefs » qui gouvernent pour lui, quelque » nom que portent ces chefs, c'est » toujours une aristocratie. »

Du moins cette aristocratie n'est point héréditaire ; mais elle doit être retenue dans de justes bornes.

Une république tend toujours vers la monarchie ; et si, par la suite, nous perdions encore notre liberté, cet événement serait occasionné par l'étendue des pouvoirs dont nous avons investi la première autorité, qui ne devrait être que surveillante, et chargée de l'exécution des lois (1).

Représentans du peuple ! surveillez avec le plus grand soin cette autorité, directoriale ou consulaire, et dès que vous vous apperceyrez qu'elle

_____

(1) Voyez *Mém. histor.* et *diplomat.* attribués à *Barthélemy*, et qui sont du citoyen *Soulavie.*

franchit la borne de ses pouvoirs, ne perdez pas un seul instant pour la faire rentrer dans ses limites. La tyrannie des fonctionnaires républicains est encore plus dangereuse que celle des rois, parce qu'elle tombe plus immédiatement sur le peuple.

Un directoire exécutif réunissant tous les pouvoirs, à la faculté de nommer aux principaux emplois, il en résulte qu'il tient nécessairement dans sa dépendance le corps législatif (1).

Un représentant du peuple a une famille, des parens, des amis à pourvoir; il peut lui-même désirer un poste avantageux; il est forcé de faire sa cour aux distributeurs des

_____

(1) « Tout corps dépositaire de la puissance exécutive, tend fortement et continuellement à subjuguer la puissance législative, et y parvient tôt ou tard. » (*J. J. Rousseau.*)

D 5

honneurs et des grâces : que devient alors la dignité de mandataire de la nation ?

Quelles lois utiles et bienfaisantes peut attendre un peuple, quand ceux qu'il honore de sa confiance , sont contraints d'aller ramper dans les antichambres d'une autorité infé- rieure ?

L'influence de la richesse se fera toujours sentir dans les républiques ; le pauvre , plongé dans la boue , ne pourra se persuader qu'il est égal à son voisin , logé dans un palais : à plus forte raison , quelle sera l'in- fluence de directeurs suprêmes , les maîtres des faveurs et des récom- penses , dont les créatures auront lieu d'espérer la meilleure partie des grâces et des emplois lucratifs ?

Quelle nécessité qu'un directoire exécutif donne la première audience aux ambassadeurs des rois ? N'est-ce

pas là le privilége du souverain ? Et
qui doit en jouir plus naturellement,
et avec le moins d'inconvénient possible, si ce n'est le corps législatif,
représentant toute la nation ?

On voit des écrivains instruits se
servir de ces expressions étonnantes :
*Tel roi vient d'envoyer un ambas-
sadeur au directoire exécutif.*

C'est ainsi que des pouvoirs trop
illimités font non-seulement prendre
le change à ceux qui en sont investis,
mais encore aux gouvernés, et que
la nation finit par être comptée pour
rien.

Puisque vous accordez l'initiative
des lois au directoire, ne lui donnez
aussi que l'initiative des grands emplois. Les législateurs prononceront
définitivement et d'une manière solemnelle, après avoir entendu le rapport d'une commission. Les élus seront alors plus honorés, et il n'y

aura point un pouvoir colossal qui
empiétera sur tous les pouvoirs.

Quelque sage précaution qu'on
prenne pour la distribution des premiers emplois et des récompenses,
la faveur et l'intrigue l'emporteront
souvent ; et des législateurs cupides
iront briguer une place sur la liste
fortunée, pour eux ou pour leurs protégés. Mais de deux maux inévi-
tables, sachons préférer le moindre.

Ce n'est point une convention nationale qu'il s'agit de recréer, s'arro-
geant toutes les fonctions, et comme
accablée du poids des affaires ; c'est
un sénat divisé en deux ou trois
chambres , qui , au nom du peuple
qu'il représente , donne le premier
audience aux ambassadeurs , et soit
le dispensateur des bienfaits de la
nation.

Athênes et Sparte n'avaient eu
garde de confier à une seule auto-

rité la dispensation des faveurs qui
doivent émaner du peuple : quand
celui-ci voulait une loi, un magistrat, un chef d'armée, sa demande,
accordée sur-le-champ, passait néanmoins à l'examen d'un conseil de
sages, où elle était rejetée ou sanc-
tionnée.

La république romaine, beaucoup
plus étendue que celles de nos jours,
qui s'est maintenue glorieuse et flo-
rissante pendant un si grand nombre
de siècles, avait revêtu son sénat du
privilége d'accueillir les ambassadeurs des puissances étrangères, de
la nomination aux premières places,
et sur-tout de celle des généraux de
ses armées.

Les consuls romains, toujours au
nombre de deux, dont la puissance
éprouva beaucoup de vicissitudes,
ne furent enfin chargés que de la surveillance des lois, et des actions de

quelques fonctionnaires inférieurs ;
ils présidaient les assemblées du peuple et du sénat, et ils commandaient
les armées. L'éclat imposant dont ils
étaient environnés, les douze licteurs
qui les précédaient, ne semblaient
destinés qu'à relever l'avantage dont
ils jouissaient, de donner leur nom
à l'année de leur consulat.

Pourquoi les nations modernes,
qui se proposent d'être véritablement
libres, et d'éviter une infinité d'abus,
n'adopteraient-elles pas les exemples
de l'antiquité ?

Serait-ce que l'intérêt et l'avantage
du peuple ne sont plus la première
loi, et que, de nos jours, on sacrifie
à des considérations particulières le
bien général du public ?

Quel que soit le nombre des membres d'un directoire exécutif, sa puissance deviendra dangereuse, si elle
n'est limitée. Nous croyons qu'une

république, même très-étendue, doit
se borner à trois directeurs ou magistrats suprêmes, chargés de la surveillance générale, et de l'exécution
des lois. Un seul individu s'érigerait
bientôt en monarque absolu ; s'il n'y
en avait que deux, il leur serait difficile de se concilier, et la république
serait trop souvent agitée. Au-lieu
qu'un troisième directeur tient la balance égale, et fait promptement
embrasser le parti qu'il est à propos
de prendre.

Si l'on veut avoir cinq directeurs,
on s'expose à mettre de la lenteur
dans l'exécution des affaires ; et l'on
a connu, en France, combien ce
nombre est préjudiciable à la tranquillité publique.

En le restreignant on évitera non-
seulement des troubles dans l'état,
mais les intrigues et les cabales ora-
geuses des candidats, et l'on épar-

gnera plusieurs millions au trésor public.

Si les républiques modernes s'obstinent à préférer un directoire exécutif composé de cinq membres, qu'elles exigent donc au moins de ces directeurs, qu'ils ne se donnent point de ministres, afin de s'alléger le travail.

Pourquoi un directoire exécutif a-t-il des ministres ? Ne serait-il pas convenable qu'il se partageât les différentes branches de l'administration, ainsi que de la surveillance générale ?

Une mesure économique doit obtenir la préférence, et principalement quand elle oblige les premiers fonctionnaires à redoubler d'activité.

Laissons les ministres aux rois, et substituons-leur des agens nationaux, qui rendront compte, chacun au directoire ou aux membres du consulat, du travail de leurs bureaux ; et de la partie administrative dont ils seront chargés.

Les principaux fonctiónnaires d'une république ne forment sûrement pas une autorité passive, s'endormant dans la mollesse et dans la grandeur, n'ayant d'autre peine que celle d'accorder, bien rarement, des audiences publiques d'une heure ; que celle de donner des ordres à des subalternes qui la flattent, et ne s'appliquant sans cesse qu'à étaler un luxe fastueux, digne de la cour des despotes, et non de vrais républicains.

Pour élever si haut les directoires exécutifs, et pour les entourer d'une telle magnificence, on est parti d'un faux principe. On a prétendu qu'il fallait établir une autorité suprême, décorée de tout l'extérieur qui éblouit, avec laquelle les rois pussent traiter.

Ils auraient eu, pour le moins, tout autant de confiance en la représentation nationale.

Un traité diplomatique n'est seulement proposé que par le directoire; il est sanctionné par la volonté du peuple, que manifestent ses représentans.

N'avons-nous pas vu des traités solemnels, qui lient une république à des monarques voisins, et qui ont été décrétés par les législateurs de la nation contractante?

Le directoire exécutif français a-t-il besoin d'une nombreuse garde à la porte de son palais et dans l'intérieur de ses appartemens? N'est-ce pas encore là un attribut de la royauté, que la crainte accompagne, et qui s'entoure de bayonnettes (1)?

L'amour, l'estime et la vénération seraient une garde bien plus sûre.

On voit jusqu'à du canon dans les avenues du palais directorial.

A l'exemple de leurs chefs, les ministres ont aussi une troupe de soldats à leur porte. Ils n'ont point encore osé y placer du canon.

Les uns et les autres ont peut-être été séduits par l'exemple du corps législatif. Mais qu'ils sachent que les représentans d'une nation puissante et guerrière peuvent s'entourer du symbole de la force.

La magnificence et l'appareil mi-

---

(1) « Gouvernans! point d'armes où il y » a des lois. Gouvernés! plus de lois où il » y a des armes.

» Ne souffrez à vos magistrats et séna- » teurs d'autres gardes que des vieillards, » une branche d'olivier à la main. » (*Lois de Pythagore.*)

litaire ne sont convenablement placés,
qu'autour du lieu où s'assemblent les
représentans d'une grande nation.

Ce n'est point aux fonctionnaires,
aux autorités civiles, qu'il convient
de s'annoncer par des bayonnettes,
et de l'artillerie.

Aucun obstacle ne doit empêcher
de pénétrer chaque jour, et à toute
heure, auprès des républicains amis
de leurs semblables, dont la mission
est de rendre justice à tous les citoyens, leurs égaux, et de s'occuper
continuellement de leur bonheur,
ainsi que de la prospérité de la
patrie.

Notre directoire exécutif, jusqu'à
l'époque du 18 Brumaire, an VIII,
se permit de n'accorder audience à
ses concitoyens que cinq fois par décade, et depuis une heure jusqu'à
deux de l'après midi. On dut en
conclure qu'il ne se fatiguait pas

beaucoup à entendre ceux qui avaient besoin de recourir à sa justice.

Encore si les cinq membres s'étaient trouvés à cette audience publique ! Ils eussent prêté l'oreille à un grand nombre de plaintes et de demandes. Mais l'audience n'était tenue que par un seul directeur suprême. Ainsi le tour de chacun d'eux n'arrivait qu'une seule fois en dix jours, et chaque directeur n'accordait qu'une heure au public par décade.

Ils auraient dû se rappeler l'exemple de Louis IX, qui, assis au pied d'un chêne, recevait tous les matins les placets qu'on lui présentait.

Un fonctionnaire républicain, même de nos jours, doit valoir beaucoup plus qu'un pieux monarque du vieux temps, placé dans le paradis par les dévots.

Les rois ne furent d'abord que les

premiers juges de leurs peuples ; ils
l'ont oublié depuis long-temps, pour
s'arroger le titre de maîtres suprêmes.
Mais pourquoi auraient-ils plus de
modestie que les principaux fonctionnaires d'une république, qui, à
peine en place, méprisent le peuple
qui vient de les élire ?

Cette réflexion, dont l'application
est générale, n'a rapport qu'aux
républicains qui montrent, dans
leurs fonctions, plus d'orgueil que
de science : ils sont, sans doute, en
petit nombre.

Revenons aux directoires exécutifs.

Quelle prompte décision reçoivent
les humbles supplians, qui, à force
de démarches et de patience, parviennent auprès du directeur qui
daigne recevoir leurs pétitions ? Ils
sont renvoyés aux ministres qu'elles
concernent. Il était plus simple

qu'ils y allassent tout de suite.

Les directoires ne décident jamais rien, même les affaires des particuliers, sans prendre l'avis des ministres, leurs conseillers-nés : c'est ainsi que le despote de Constantinople a grand soin de consulter ses visirs.

Les abus que nous venons d'observer n'auront qu'un temps ; ils disparaîtront aux lumières qu'amèneront l'expérience et l'amour de la félicité publique : mais n'eussent-ils existé qu'un jour, ils n'auraient que trop duré.

CHAPITRE X

La République Française en l'an MMMDCCC (*).

FRANCHISSONS, en esprit, l'espace d'une immensité de siècles ; voyons ce que sera la République Française en l'an MMMDCCC. Il est à présumer qu'à cette époque fort reculée, l'esprit humain et les lumières de la philosophie auront eu le temps de faire des progrès, et qu'on ne verra plus subsister les abus dont nous

---

(*) Ce chapitre est le précis d'un grand ouvrage que nous publierons un jour. Nous l'avons placé ici, afin de pouvoir passer en revue un plus grand nombre d'abus en tous genres, dont nous supposons la réforme. Nous revenons à ceux de nos jours dans les chapitres suivans.

avons

avons parlé, ni ceux dont il nous reste à faire mention.

Si certaines personnes, souriant de pitié, se récriaient sur la longue durée que nous assignons à notre république; sans nous amuser à disputer contre elles, et fortement persuadés que les opinions sont libres, nous les prierons de permettre que, pour quelques instans, nous donnions carrière à notre imagination. Elles ne pourront s'empêcher de convenir, après avoir lu ce chapitre, qu'un motif très-louable a guidé notre plume.

Essayons donc de lire dans l'avenir, et considérons l'état où sera la France en l'année MMMDCCC, époque un peu éloignée de nous.

Je n'offre point ici le songe d'un rêveur, estimable jusques dans les écarts de son esprit; mais on va lire les idées d'un homme bien éveillé, qui souhaite que son imagi-

E

nation le fasse approcher de la vérité, en peignant des réformes et des changemens indispensables.

Je me représente, à l'époque dont il s'agit, le directoire exécutif, où un certain nombre de consuls, gardé par des vieillards vénérables, tenant à la main une baguette blanche. D'heure en heure, un héraut crie, à la porte du palais directorial : *Ceux qui ont besoin d'une prompte justice, ou des secours de la bienfaisance, peuvent entrer sans crainte.*

Quelque dénomination que l'on donne à la première autorité administrative, à l'époque où nous nous transportons, continuons de l'appeler directoire exécutif, afin d'être mieux entendus.

Une foule d'individus de tout âge pénètre dans le palais respectable de ces premiers fonctionnaires, et ne cesse de bénir les sages qui veillent à son bonheur. Tous les appartemens sont ouverts, et les avenues en sont libres pour tout le monde. On ne rencontre point dans les antichambres, des huissiers vêtus d'une manière extraordinaire. On y voit encore bien moins de *messagers d'état*, affublés d'un costume aussi bisarre que ridicule. Dans ces temps éloignés on sait que le directoire ne doit pas avoir de *messagers d'état*, attendu qu'il est loin d'être l'état. On connaît enfin toute l'importance des mots.

Les appartemens du directoire exécutif, tel que je me le représente dans deux mille années, n'étalent point un luxe ruineux, des pilastres dorés, des lustres de cristal, une magnificence qui ne peut qu'inspirer de l'orgueil à ceux qui s'en voient entourés ; ils sont meublés avec une propreté recherchée ; et cette simpli-

E 2

cité fait honneur aux illustres personnages qui s'en contentent.

La foule arrive sans obstacle auprès d'eux ; chacun choisit celui des directeurs à qui il veut s'adresser ; le pétitionnaire en est reçu avec bonté et une politesse non étudiée ; je crois entendre qu'on lui adresse ces paroles : « Rassurez-vous, cher conci- » toyen ; ouvrez-nous hardiment » votre cœur, afin qu'il soit remédié » sur-le-champ aux injustices que » vous éprouvez, ou aux peines qui » vous tourmentent. Nous sommes » spécialement chargés de faire exé- » cuter les lois rendues pour la pros- » périté de chaque citoyen. Nous sa- » vons que le bonheur général se com- » pose du bonheur particulier. Notre » plus grande félicité est de faire en » sorte qu'il n'y ait point un seul mal- » heureux dans toute la république. »

Les membres de ce directoire exé- cutif que je vois de si loin, en ima-

gination, élus par le sénat à la plura-
lité des voix, doivent être âgés de
soixante ans. On ne parvient à cette
dignité que lorsqu'on est connu pour
avoir des mœurs très-pures, et qu'on
a eu le bonheur de conserver la vie
d'un citoyen, soit en le défendant
avec éloquence à un tribunal criminel, soit en l'arrachant d'une maison
incendiée, ou du milieu d'un fleuve.

Il est aussi indispensable d'exceller
dans quelque science ou dans les
belles-lettres. A l'époque où je me
transporte, le mérite et la vertu seront comptés pour quelque chose.

Accompagné de vieillards, dont
l'un porte une bannière, sur laquelle
est écrit en grosses lettres : *Parlez,
citoyens, dites si vous êtes mécon-
tens*, un membre du directoire va
rendre compte, tous les dix jours, à
la barre du sénat, des soins auxquels
lui et ses collègues se sont livrés dans

le cours de la décade , des injustices qu'ils ont réparées , et des infortunés qu'ils ont eu le bonheur de secourir.

Si les législateurs sont satisfaits de la conduite de ces premiers fonctionnaires , des remerciemens solemnels leur sont aussi-tôt décernés. Si , au contraire , il paraît qu'ils soient coupables de négligence , ou répréhensibles d'abus de pouvoir , il leur est enjoint de ne plus s'écarter de leurs augustes fonctions, et d'être attentifs dorénavant à ne plus laisser passer un seul jour sans faire le bien.

Le directoire , dans ces temps reculés , ne doit point faire présent d'une armure à un vaillant guerrier , ni décerner aucune sorte de récompense publique , sans y être autorisé par un décret spécial du corps législatif , qui , dans toutes les occasions d'éclat , donnera lui-même , comme représentant la nation , ces récompenses solemnelles , afin d'ho-

noter davantage les citoyens qui les
auront méritées.

Dans ces temps, enveloppés des
voiles de l'avenir, aucun représentant du peuple ne sera assez dépourvu
de lumières, pour avancer, en plein
sénat, que pour faire une nouvelle
loi, ou en rectifier une ancienne, il
faut absolument attendre l'initiative
et l'invitation des gouvernans.

Chaque membre de ce directoire
exécutif ne reste en place qu'une année, et se retire après que le peuple,
assemblé dans une place publique, a
marqué par de nombreux applaudissemens s'il est satisfait de la conduite qu'il a tenue. Le silence de
cette assemblée populaire annonce
le mécontentement général, et il
commence le supplice du fonctionnaire prévaricateur.

Le membre du directoire qui ter-
mine ses fonctions, est obligé de se

E 4

retirer dans un village ; là, il préside aux travaux de l'agriculture ; et il laboure quelquefois la terre lui-même, s'il en a la force.

Deux ans s'écoulent sans qu'il puisse prétendre à aucune place, et on lui assigne alors celle d'institu-teur public, dans une ville dépar-tementale, qu'il a la liberté de choi-sir. Après y avoir professé pendant une année entière, il peut être réélu à toute fonction administrative.

Lorsqu'il a parcouru la carrière de la vie, les *censeurs des morts* s'assemblent (ce sont des citoyens estimables par leur sagesse, et qui n'ont jamais exercé aucun emploi); ils examinent, en public, la conduite qu'il a tenue, et prononcent solem-nellement si ses restes doivent être déposés dans *l'élysée des hommes justes, des hommes qui ont fait honneur à leur patrie*, ou si son cadavre, déclaré impur, doit être précipité dans le gouffre de l'oubli, large et profonde fosse, où l'on entasse des miliers de morts.

Le même usage se pratique à l'égard des représentans du peuple, et des magistrats ; cette censure solemnelle et sacrée immortalise les vertus et les talens, et couvre d'infamie les vices et les fonctionnaires qui ont été prévaricateurs.

Pour honorer les citoyens décédés, justement célèbres, il est auprès de chaque ville, de chaque commune, un jardin planté de cyprès, de saules, d'oliviers, de lauriers, et décoré de fleurs, où l'on élève des tombeaux couverts d'inscriptions.

Pour la foule des mortels vicieux, qui doivent être ignorés à jamais, on a creusé un vaste et profond abîme, où l'on jette les cadavres, avec un torrent de chaux vive.

E 5

Ces gouffres hideux, cloaques pestilentiels, où, sans respect pour les morts, nous entassons présentement leurs tristes restes, seront réservés, avant qu'il soit peu d'années, aux seuls cadavres des mauvais citoyens, ou de ceux qui ont mené une vie oisive et inutile.

Dans ces temps éclairés on se fera un devoir d'adopter cette sage loi de Pythagore : « Point de tombeau, » point d'épitaphe au méchant. »

A l'époque où je me transporte, il n'est plus question de ministres. Il serait même très-difficile qu'on pût se former une idée de ce que c'était qu'un ministre de la guerre, l'Europe étant plongée, depuis un grand nombre de siècles, dans une paix perpétuelle, car les hommes, quoique naturellement méchans, doivent s'éclairer et s'adoucir à mesure que le monde vieillira.

On ne pourrait non-plus concevoir ce que c'était jadis qu'un ministre de la police : le bon ordre règne tellement dans toute la république, qu'un ministre de la police n'y serait d'aucune utilité, quand même il serait possible de se former une idée de sa magistrature.

Chaque membre du directoire exécutif est chargé tour-à-tour de l'administration intérieure et extérieure ; le commerce est la principale partie de cette surveillance.

La marine et les colonies sont aussi l'objet de leur gestion alternative ; et les vaisseaux marchands français couvrent toutes les mers, regardées comme l'apanage de toutes les nations.

Les lois de l'économie ont fait supprimer l'administrateur en chef de la justice. Les tribunaux, dans certains cas, consultent le tribunal de

E 6

cassation, et lui rendent compte de leurs jugemens. Celui-ci informe les législateurs de tout ce qui peut mériter leur attention dans cette partie intéressante.

Après le directoire exécutif, et quelques magistrats interprètes des lois judiciaires criminelles, il n'existe d'autre autorité constituée, que les officiers municipaux, élus par le peuple, quand il est prouvé que leur éducation a été soignée; et ils ne connaissent au-dessus d'eux que les représentans de la nation, qui seuls peuvent les démettre et les remplacer, pourvu qu'il y ait des preuves évidentes de forfaiture.

Dans ce siècle, vraiment digne d'être appelé l'âge d'or, il n'y a plus de juges de paix, ni de tribunaux civils; les citoyens n'ont entre eux d'autre contestation que pour décider quel est celui qui a fait la meilleure

action dans l'année , et lui adjuger,
en cérémonie , une branche de chêne.

Cependant comme l'homme en société ne saurait s'empêcher de commettre quelques délits , du moins eu
égard aux lois , dont les meilleures
peuvent souvent être interprêtées de
différentes manières , et que la calomnie est un vice adhérent au cœur
humain , il a fallu établir un tribunal
criminel dans chaque département ,
ne fut-ce que pour proclamer fré-
quemment la surveillance continuelle
de la justice et le triomphe de l'innocence. Les magistrats nommés par
les anciens des villes , sont des jeunes
gens estimables et de sages vieillards.
Le bannissement est la peine la plus
rigoureuse qu'ils infligent , parce que
dans cet heureux siècle , on abhorre
l'effusion du sang humain , et qu'on
regarde comme un affreux supplice
d'être banni de sa patrie.

Les juges sont séparés de l'accusé par un voile, derrière lequel ils prononcent leurs sentences, afin de n'être point distraits ou attendris à la vue des spectateurs ou des coupables (1).

Les députés du peuple sont au-dessus de tous les fonctionnaires publics, vu qu'ils représentent la nation française. Ils doivent être âgés au moins de cinquante ans, et leur auguste et importante fonction est de dix années accomplies.

On n'est digne d'être représentant du peuple qu'autant que l'on possède la science législative, et des connaissances au-dessus du commun des hommes.

---

(1) Il faut se rappeler, en lisant ce chapitre, qu'on y peint une époque éloignée de nous de deux mille ans, où les mœurs, les usages, la façon de penser, n'auront aucun rapport à notre dix-huitième siècle.

Très-peu de citoyens sont indignes de cet honneur suprême, parce que l'instruction a fait de tels progrès dans toutes les classes de la société, que non-seulement le plus pauvre des laboureurs sait lire et écrire, mais que les artisans, les ouvriers, dans ces siècles si éloignés de nous, sont beaucoup plus éclairés que certains savans de nos jours.

Combien de connaissances nous paraissent obscures, ou impossibles à atteindre, qui ne seront qu'un jeu pour nos heureux descendans!

Aucun célibataire, dans ce siècle, ne peut siéger parmi les législateurs, ni être membre d'aucune autorité constituée ; attendu que pour être bon citoyen, il faut tenir à son pays par le titre sacré de père, ou du moins d'époux, et qu'un célibataire est ordinairement un égoïste ou un hypocrite.

Mais il ne suffit pas d'être père de famille pour parvenir au poste suprême de législateur : il faut sur-tout avoir des mœurs irréprochables; et cette loi de Pythagore est connue et révérée de tous les Français : » Refusez pour législateur ou pour » magistrat un mauvais père de fa- » mille. »

Pendant toute la durée de leur au-guste fonction, ils ne se nourrissent que de lait, de légumes, de fruits, et ne boivent qu'un breuvage com-posé d'eau et de miel.

Ils s'assujettissent à ce régime, parce que les sucs des alimens in-fluent sur nos facultés intellectuelles et morales; sont-ils âcres, échauf-fans, ils nous disposent à l'humeur noire, à la colère, à des mesures violentes.

Un législateur doit tenir tous ses sens dans un parfait équilibre; et c'est à quoi l'on est parvenu à cette époque.

Le corps législatif français, dans ce siècle reculé, n'entoure point de soldats armés le lieu de ses séances, et encore moins d'une artillerie formidable. Ses salles d'assemblées et les péristiles qui y conduisent sont ornés de statues, images vénérées de nos anciens héros, sauveurs de la patrie, de celles des artistes qu'immortalisent les chef-d'œuvres du pinceau, du ciseau ou du burin, et des grands hommes que l'éloquence, la poésie et des écrits utiles rendront à jamais célèbres dans tous les siècles.

Les législateurs, de ces tems encore à naître, sont divisés en quatre chambres, où se fait successivement l'examen des résolutions qui se prennent, auxquelles la dernière seule donne forme de lois perpétuelles et irrévocables.

La première de ces chambres est nommée *le Conseil*, la seconde *les Anciens*, la troisième, *le Temple des philosophes*, et enfin la quatrième, *le Sanctuaire des très-sages*.

On est enfin persuadé qu'une loi peut tellement influer sur le bonheur ou sur le malheur du peuple, qu'avant de la promulguer, on ne saurait trop lui faire subir d'examens.

Ces divers représentans du peuple assistent en corps aux fêtes nationales, réduites à quatre par chaque année, et aux réjouissances que font naître des événemens imprévus. Les Français veulent que la présence des mandataires de la Nation augmente l'allégresse publique. Pourquoi se tiendraient-ils toujours renfermés dans le sanctuaire des lois, comme s'ils étaient étrangers à la félicité générale ?

Les chambres réunies donnent une audience solemnelle aux ambassadeurs des puissances étrangères, et elles nomment les envoyés chargés de négociations importantes, et qui ont le beau titre de *ministres de paix*.

Les appointemens de ces législateurs futurs se bornent à ce qui est nécessaire pour qu'ils puissent exister honorablement.

Pendant qu'ils sont représentans du peuple, s'ils se mêlaient d'agiotage, ou d'opérations de commerce, ils seraient déclarés infâmes, et bannis à perpétuité du territoire français.

Ceux qui manqueraient de se trouver aux séances journalières au moment de l'appel nominatif, fait avec une sévère exactitude, seraient déchus de leurs honoraires ce jour-là; et s'ils s'absentaient plusieurs fois de suite, sans raisons bonnes et valables, ils ne toucheraient point les émolumens d'un mois entier.

A l'époque où nous nous transportons en idée, il ne sera nullement permis de se jouer des devoirs qu'on s'imposera ; leur accomplissement ne sera pas même une vertu, mais une chose toute simple.

Les législateurs, que nous voyons de si loin dans l'avenir, après avoir terminé leur mission, ne pourront plus être nommés à d'autres places.

Leurs épouses composent un sénat, érigé par la nation, et appelé *le Sénat des belles et des sages citoyennes.* Mais il faut, pour y être admises, qu'elles aient rempli le premier devoir de la maternité, en allaitant elles-mêmes leurs enfans.

Ce sénat féminin n'est divisé qu'en deux chambres ; il discute et règle ce qui concerne les modes, et proscrit celles qui paraissent indécentes, ou mêmes ridicules (1).

Ce sénat, dont l'institution est si éloignée de notre façon de penser actuelle, juge aussi définitivement *les causes d'amour, les troubles du mariage*, et il couronne, tous les ans, dans une fête éclatante, l'amant le plus fidèle et le meilleur époux. Les filles et les femmes ne participent jamais à aucun prix de ce genre, afin de faire entendre que leur bonne conduite est toute naturelle, et qu'elle n'a pas besoin de récompense.

Ce sénat de belles et chastes épouses, et duquel l'apparence même du

---

(1) A propos de la couleur factice des cheveux, si à la mode aujourd'hui, nous allons citer un axiôme du sage Pythagore, qui vivait il y a plus de deux mille ans : « Défies-toi de la femme qui change la » couleur de ses cheveux, même quand ce » serait pour te plaire davantage. » (*Lois de Pythagore.*)

due de cette cité immense, quoiqu'elle soit moins peuplée qu'autrefois, les Français de ce temps-là
ayant le bon esprit de sentir qu'ils
sont plus heureux dans la campagne,
en se livrant aux soins de l'agriculture, qu'en se renfermant entre les
murailles d'une ville.

Le nom des rues de cette vaste
cité a cessé d'être insignifiant, tri-
vial et ridicule; il rappelle les grands
hommes de la nation, les artistes
célèbres, les événemens mémorables
et glorieux, etc.

Les bâtimens sont surmontés d'une
terrasse, garnie d'arbustes et de fleurs,
ensorte que la ville centrale a toute
l'apparence d'un vaste jardin sus-
pendu en l'air.

Les rues sont arrosées d'une multitude de fontaines, et toujours extrêmement propres. On ne néglige rien
pour que les habitans respirent un
air

air salubre , et pour qu'ils jouissent
de la meilleure santé possible.

Une galerie couverte borde toutes
les rues ; elle est destinée à des repas
publics, qu'on y donne lors des fêtes
nationales ; et qui servent à maintenir, parmi les citoyens , l'esprit
d'union et de fraternité.

Tout ce qui peut leur être nuisible
étant écarté avec le plus grand soin,
on ne voit point de carrosses ni de
cabriolets rouler avec la rapidité et
le bruit de là foudre , au risque de
broyer les infirmes, les femmes, les
enfans, et de les écraser sous les
roues menaçantes , ou sous les pieds
des chevaux. Depuis plusieurs siècles
ces chars sont bannis de la ville centrale ; les riches et les malades se font
porter dans d'élégans palanquins ,
soutenus par des mules pacifiques.

Les départemens fraternisent avec
le superbe Paris, point central de

F

toute la France, et, pour ainsi dire,
de l'Europe entière. Chaque année
des fédérés du Nord, du Midi, ou
de l'Ouest, etc., viennent y assister
à une fête célébrée en l'honneur des
habitans de cette partie de la république.

Les arbres de la liberté sont devenus autant de chênes antiques et
majestueux; le soir des décadis on
s'assemble sous leur épais feuillage;
on y lit les annales de l'histoire, ou
les actes de vertu du citoyen, et
l'on forme des danses en chantant
des couplets enjoués et patriotiques.

Comme une paix profonde fait
sentir ses douceurs et ses bienfaits
depuis nombre de siècles, les contributions sont très-modérées; elles
consistent en denrées recueillies par
les citoyens, et en deux pièces d'argent par tête.

La force militaire en activité n'est

composée que de cent mille hommes,
répartis aux frontières et dans quelques forteresses de l'intérieur. Si la
république se trouvait en danger
d'être attaquée, il serait fait, dans
tous les départemens, une levée de
jeunes citoyens, depuis l'âge de vingt
ans jusqu'à trente. Les jeunes hommes mariés auraient le grade d'officiers, de commandans, et seraient
des premiers promus à celui de général. Les pères de famille ont toujours été d'excellens soldats, des
héros au champ de l'honneur. Ils
ont un double intérêt à défendre la
patrie.

Mais la France, à cette époque,
est alliée avec toutes les puissances
de l'Europe, excepté avec les Russes,
devenus maîtres de Constantinople,
et qu'une suite de révolutions a relé-
gués dans quelques villes d'Asie.

Les Grecs ont repris leur énergie

antique ; Athènes et Lacédémone, relevées de leurs débris, sont les chefs-lieux de républiques florissantes, et n'ont garde de se livrer désormais à une jalousie qui fut si funeste à la Grèce et au monde entier.

Ces peuples sans cesse fanatiques et ennemis des lumières de la raison et de la philosophie, les Turcs, repoussés de par-tout, ont été contraints d'aller habiter les déserts de l'Arabie ; ils n'ont plus d'autres villes que Médine et la Mecque, où ils ont tout le temps de prier leur prophète Mahomet.

Les Français, parvenus au comble de la gloire, sont généralement regardés comme la première nation de l'univers. Ils sont les alliés de l'Autriche, de l'Allemagne, de la Prusse, ainsi que des autres états du Nord,

avec lesquels ils ne forment plus
qu'un peuple de frères.

La constitution politique de ces
diverses nations a éprouvé de grands
changemens, dans cette longue suite
de siècles.

Les Anglais vivant sous un régime
tout-à-fait républicain, ont oublié,
depuis quinze cents ans, leur ancienne rivalité, excitée par l'ambition de quelques-uns de leurs ministres, et dont ils ont la mémoire
en horreur. Ils ont reconnu quel
immense avantage ils retirent de
leur union inviolable avec la France.
Aussi leur pavillon, joint à l'éten-
dard tricolor, à celui de l'Ausonie,
de l'Espagne, de la Grèce, et à
celui de la Batavie, flotte sur les
mers des Indes, et aux deux extrémités du pôle. Le commerce, fondé
sur des lois éternelles, rapproche et
fait le bonheur de tous les peuples,

dont la politique consiste à ne former qu'une seule famille, conformément au vœu de la nature, trop long-temps rendu inutile par l'ambition, le fanatisme et la sottise des hommes.

. . . .

Nous avons assez pénétré dans les siècles à venir; cessons de nous occuper d'une félicité future trop éloignée, peut-être imaginaire; revenons à l'époque où nous sommes présentement, continuons la triste tâche de nous occuper d'une partie des nombreux abus, ouvrage de l'ignorance ou de l'erreur, et qui nous empêcheront encore long-temps d'être moins malheureux.

CHAPITRE XI.

La Police.

LES premiers peuples, réunis en société, sentirent bientôt qu'ils avaient besoin de lois surveillantes et répressives ; des membres turbulens ou d'une conduite irrégulière, répandaient le trouble et le désordre : delà, sous le régime des rois, l'origine des réglemens de police, et l'institution d'un magistrat pour les tenir en vigueur.

C'est, dans son principe, une administration douce et sage, presque paternelle, qui prévient les délits ; et, quand elle n'a pu les empêcher d'avoir lieu, elle ne les punit qu'avec modération.

L'homme, comme accablé par les différentes chaînes qui le garottent

F 4

dans les sociétés civiles et politiques ;
sans doute aussi maîtrisé par les besoins impérieux, ou de luxe ou de
caprices auxquels il s'est assujetti,
a un tel penchant à commettre toutes
les actions repréhensibles, aux yeux
de la société, que s'il n'était contenu
dans ses passions vicieuses, il ne tar-
derait pas à se rendre coupable des
plus grands crimes.

Il résulte de ce qu'on vient de
dire, que l'administration de la police doit écarter des citoyens honnêtes tout ce qui peut tendre à corrompre les mœurs ; tels que les objets susceptibles d'émouvoir trop fortement l'âme, les estampes, les livres, les spectacles licencieux, les
femmes publiques ; il faut aussi éloigner de l'homme probe les personnes
vicieuses qui pourraient troubler sa
tranquillité, tels que les filoux, les
escrocs, apprentifs voleurs et assas-
sins.

Peut-être la police devrait-elle aussi sévir contre l'agioteur enrichi, qui étale un faste insolent. Quel spectacle pour l'homme de bien, d'avoir sans cesse devant les yeux l'opulence de l'avide spéculateur, insultant à la misère publique, dont il est une des principales causes !

Mais il faut laisser subsister, dans les sociétés considérables, ces vampires du peuple, fléaux aussi nécessaires que le luxe, qui rendent d'une main l'or qu'ils ont envahi de l'autre; en ce que leur dépense, leur prodigalité, fait vivre l'ouvrier, l'artisan, et vient au secours de l'artiste.

Si l'administrateur de police prétendait forcer l'homme social à une trop grande perfection, il méconnaîtrait le cœur humain, et n'atteindrait jamais au but qu'il se propose.

Une cité entière n'est point un couvent de cénobites ; on est con-

F 5

traint d'y souffrir des petits désordres, afin d'en empêcher de plus considérables.

Il est, malheureusement, impossible de bannir des villes populeuses le libertinage et la prostitution : reléguez les courtisannes dans des maisons, dans des rues particulières. Ne souffrez pas qu'elles fassent leur infâme commerce dans les promenades, dans tous les quartiers, à la porte et sous les yeux des citoyennes vertueuses.

Par cette sage précaution, vous concentrez le vice dans les repaires qui lui conviennent, car il aime l'obscurité ; vous mettez un frein à l'audace des libertins, et vous respectez la pudeur de vos femmes, de vos filles, qui d'ailleurs pourraient jeter un regard de complaisance sur la parure élégante des malheureuses livrées à la débauche.

Si vous négligez cette mesure salutaire, à quoi vous sert-il d'avoir un magistrat chargé spécialement de la police ?

Il est encore responsable de la santé des citoyens. Pour remplir cette tâche honorable, chère à son cœur, s'il est vraiment pénétré de ses devoirs, il importe qu'il n'ait aucune négligence à se reprocher, et qu'il entre avec zèle dans les plus petits détails, agrandis par les avantages qui en résultent.

La propreté des rues paraît, au premier coup-d'œil, une surveillance peu importante : mais rien n'est à négliger, quand on a la perspective d'être utile.

L'enlèvement des boues, le nétoiement du pavé, des ruisseaux et des égoûts, purifie l'air, éloigne la contagion.

La partie du peuple peu éclairée,

F 6

naturellement paresseuse et imprévoyante, resterait continuellement plongée dans la plus dégoûtante malpropreté.

Il serait même à souhaiter qu'un législateur, attentif à tout ce qui peut contribuer au bien public, établît une sorte de magistrature, pour veiller à la propreté intérieure des maisons. Ceux qui douteraient de la nécessité de cette mesure, n'ont qu'à pénétrer, s'ils en ont le courage, dans la demeure de l'habitant des fauxbourgs: avant d'avoir passé le rez-de-chaussée, leur vue et leur odorat seront aussi désagréablement affectés l'un que l'autre.

Les alimens destinés à la nourriture du citadin exigent une surveillance sans cesse très-active. Non-seulement il importe qu'ils soient sains et salubres, mais il est encore essentiel qu'ils soient très-abondans.

La malveillance et la cupidité ne parviennent que trop souvent à faire ensorte que les marchés soient dégarnis, afin d'augmenter le prix des denrées de première nécessité.

Il est de la sagesse et du devoir d'un administrateur de police d'empêcher des manœuvres aussi coupables.

Il est des denrées et certains objets dont le prix (au moins dans les temps d'abondance) doit être maintenu à la portée des classes les moins favorisées de la fortune.

Une erreur funeste est de croire que la liberté du commerce s'étend aux marchands des objets d'une nécessité indispensable.

Cette liberté ne doit s'appliquer qu'aux denrées de luxe, comme sucre, café, épices, liqueurs, etc. etc.

Si vous permettez, en tout temps, que les vendeurs des choses les plus nécessaires, puissent les enchérir au gré de leur âme cupide, à la moindre apparence de disette, elles monteront à un prix fort au-dessus de celui qui vous avait paru devoir satisfaire l'intérêt du marchand.

La guerre a ses fléaux destructeurs ; mais ils n'influent pas, autant qu'on le croit communément, sur le prix des marchandises de l'intérieur : la liberté illimitée accordée aux vendeurs en est la principale cause, ainsi que le prix énorme où sont maintenant portés les baux.

Au sein de la paix la plus profonde, l'intérêt et la cupidité, s'ils ne sont retenus par de sages réglemens, se livrent à leurs infâmes spéculations avec une audace toujours nouvelle.

Observons qu'un *maximum* n'est point une invention nouvelle. En France il fut en usage pendant une longue suite de siècles ; le bois, le

charbon, le pain, la viande, etc. y
étaient taxés. Cette mesure, jugée
nécessaire pour mettre un frein à la
cupidité des vendeurs, n'eut jamais
rien de funeste pour le peuple ; et la
police, dans ces temps-là, valait bien
celle de nos jours.

Ne pourrait-on pas soupçonner
de vues intéressées les personnes qui
crient le plus fort contre le projet
d'un sage *maximum ?*

Magistrats qui avez quelque sentiment de vos devoirs ! ne vous flattez
pas que la concurrence force les mono-
poleurs à baisser le haut prix qu'ils
fixent à leurs denrées ; l'avidité du
gain les réunit tous ; ils semblent se
dire : « Plus nos marchandises sont
» nécessaires à la subsistance du
» peuple, moins il lui est possible de
» s'en passer : qu'il nous les paie
» fort cher, ou qu'il meure. »

Et vous souffrez une aussi abomi-

nable convention, vous, administrateurs de police, faits pour la répri-
mer, et dont le devoir le plus sacré
est d'adoucir l'existence du pauvre!

Redoutez même les ruses et l'intrigue des spéculateurs éhontés,
quand vous aurez pris à leur égard,
toutes les mesures que vous pres-
crivent la prudence et la justice.

Vous trouvent-ils inflexibles? ils
ont recours à vos subordonnés ; ils
achètent la bienveillance des principaux commis de vos bureaux ; leur
demande est appuyée par des raisons
spécieuses ; et bientôt, trompés par
ceux que vous croyez dignes de votre
confiance, vous devenez, sans le savoir, les complices de l'avidité insatiable des marchands.

Il est très-important que l'administrateur de police soit instruit des
détours, des subterfuges, et de la
mauvaise foi que mettent en usage

les vendeurs de subsistance, ainsi que des fraudes de ceux qui débitent toutes les espèces de marchandises.

Il est aussi absolument nécessaire qu'il soit au fait des tromperies, des tours d'adresse qu'emploient les escrocs, les filoux, les joueurs, pour subtiliser les dupes et surprendre la crédulité.

N'oublions pas que le chef de la police est essentiellement établi pour prévenir les délits, plutôt que pour les punir. Son autorité étant bornée, il n'inflige que de légers châtimens, et il frappe les commencemens du crime, non les grands criminels. Ces derniers sont de la compétence des tribunaux.

Ce n'est pas qu'il doive négliger les coupables qu'abhorre le plus la société; mais, à proprement parler, les moindres délits sont spécialement de son ressort.

Le despotisme a renversé ces principes incontestables ; il a fait un inquisiteur du magistrat de police.

Il en a fait encore bien pis ; il l'a érigé en protecteur des tripots et des maisons de jeux de hasard , sous prétexte que ces vrais coupe-gorge deviennent beaucoup moins nuisibles , quand ils sont soumis à la surveillance publique.

Ce qui gâte la prétendue bonne action de cet administrateur , c'est que la police tire journellement des sommes considérables des maisons qu'elle autorise , en secret , à donner à jouer, au brelan , au trente-un , à la roulette , etc.

L'usage qu'on fait de ces sommes en faveur des établissemens de bienfaisance, ne saurait rendre plus pure la source infâme où elles sont puisées.

Un argent mal acquis , employé

en bonnes œuvres, n'en sera-t-il pas moins le fruit du vol, de la rapine, ou de l'injustice ?

Comment peut-on inviter à la perfection des mœurs, dans une nation où l'on croit faire le bien, en recourant à des ressources aussi criminelles ?

Il est des républiques qui se permettent ces odieux moyens.

Les maisons tolérées des jeux de hasard, disent les défenseurs de cette étrange police, empêchent qu'ils ne s'en forment de clandestines, et les fripons, surveillés, se livrent difficilement à leur adresse astucieuse.

Il n'est donc pas vrai que les tripôts, éclairés par l'œil de la police, ne font point naître d'escroqueries et de malheurs.

Que serait-ce donc si nous parlions des piéges qu'ils tendent à l'homme imprudent, qui va perdre, dans ces

lieux funestes, sa fortune, celle de
sa femme, de ses enfans, et finit par
se tuer de désespoir?

Combien de victimes vivraient
encore, et n'auraient jamais connu
l'horrible passion du jeu, sans la
publicité de pareilles maisons?

Dans les pays policés on ne devrait pas plus souffrir les lieux où l'on
sacrifie à l'aveugle dieu du hasard,
que l'établissement d'une loterie publique, cause fréquente de vols, de
la ruine des familles, et de la plupart des suicides.

Au moins, si un vil intérêt vous
fait tolérer les abus les plus dangereux, permettez que dans des écrits
fortement pensés, on ait le droit
d'en peindre tous les inconvéniens.

La faculté d'exprimer librement
sa pensée, celle de la rendre durable
par l'impression, jadis de droit naturel, a paru un crime aux tyrans

ombrageux ; et les réfractaires estimables ont été traduits à un tribunal redoutable, autrefois simplement
de police, et qui n'était, dans l'origine, qu'un tribunal paternel.

Il ne devait condamner qu'à un
emprisonnement de quelques jours.

Mais investi de tout le pouvoir de
la tyrannie, il s'en est prévalu, et a
précipité dans les cachots, pendant
plusieurs années, de prétendus coupables ; il les a même condamnés à
une prison perpétuelle ; il leur faisait grâce en abrégeant leurs jours
infortunés.

Après s'être permis un abus de
pouvoir aussi révoltant, aucune considération ne devait plus arrêter
l'administrateur de police ; il s'en-
toura de vils délateurs, il en inonda
les lieux publics ; l'intérieur des familles fut profané par des espions
secrets ; les serviteurs trahirent les

maîtres ; l'amitié n'osa plus se livrer à de doux épanchemens ; l'époux se défia de sa compagne ; le père craignit d'ouvrir son cœur devant ses enfans.

Quoique le témoignage d'un espion méprisable fût plus que suspect ; puisque l'intérêt pouvait le porter à des dénonciations mensongères , il était néanmoins écouté sans défiance , et le citoyen qu'il désignait se voyait aussi-tôt chargé de chaînes, sans qu'il sût quel était son crime ; et après avoir langui des mois, des années entières dans une prison d'état , ignoré de sa famille , sans pouvoir écrire un mot , ni espérer aucune consolation , il recevait enfin , comme une grâce , la permission d'en sortir.

De pareilles horreurs ne sont point tout-à-fait abolies sous le régime républicain.

On y agite une question fort étrange, qui consiste à savoir si la délation est un crime ou un acte de vertu.

Des philosophes de nos jours se sont décidés en faveur de l'affirmative. Ils prétendent que lorsqu'il s'agit de sauver la patrie, toutes les actions sont permises.

Mais ne peut-il pas arriver que des enthousiastes ou des imbécilles se trompent, et que, dans leur fausse opinion, ils compromettent des citoyens honnêtes et tranquilles?

Grâces aux décisions hasardées de nos nouveaux moralistes, voilà les espions regardés comme des personnages vertueux ; les voilà érigés en sauveurs de leur pays.

Aussi la plupart des autorités constituées s'empressent-elles à mettre en activité ces bons citoyens, ces sages par excellence. Les juges de

paix ont leurs espions ; les commissaires de police ont leurs espions ;
les accusateurs publics ont leurs espions ; les administrations départementales ont leurs espions, ainsi que
les travaux publics ; celle des contributions, et celle du droit de patente
ont aussi les leurs ; le bureau central
a ses espions ; le ministre de la police a ses espions, mis en œuvre
pour un nombre infini d'objets, que
nous ne pourrions faire connaître
sans causer la plus grande surprise à
nos lecteurs ; enfin , le directoire
exécutif a ses espions.

Il ne faut pas s'imaginer que les
rapports de ces gens-là se ressemblent
tous ; ils varient à l'infini sur le même
objet , et c'est à qui inventera les
choses les plus absurdes pour mieux
se faire valoir.

Quel fil peut conduire dans ce la-
byrinthe ? comment voir clair dans
cet

cet amas obscur de contradictions ?

Il résulte de tant d'espionnages, l'incarcération d'un nombre immense de citoyens, qui, sans motif ou pour des causes très-légères, languissent dans les fers pendant des mois entiers, quoique une loi sage, mais rendue illusoire, ainsi que la plupart de celles qui pourraient être utiles, ordonne d'interroger les détenus, vingt-quatre heures après leur arrestation.

S'il est prouvé qu'elle soit injuste (et cela arrive très-souvent), on les met en liberté, sans leur accorder aucune sorte de dédommagement.

Quand viendra le temps où les juges et autres fonctionnaires publics seront non-seulement tenus de réparer leurs iniquités, mais encore l'insouciante légèreté avec laquelle ils emprisonnent les citoyens !

Nous affligerions trop l'âme sen-

G

si-ble de nos lecteurs, si nous traçons
ici le tableau de toutes les autorités
qui, dans une république, ont le droit
de lancer des mandats d'arrêt. Con-
tentons - nous de dire que presque
toutes celles qui emploient l'infâme
ministère des espions, sont autorisées
à emprisonner pour le moindre délit.
Nous n'osons affirmer que, sous les
rois, les lettres-de-cachet fussent un
fléau plus funeste.

Quel bouleversement dans les
idées, et, par une suite toute naturelle, quelle corruption dans les
mœurs!

On ne raisonne pas toujours juste
dans les républiques modernes; et il
en est de même dans les monarchies.

C'est des premières dont il s'agit
en ce moment. Au-lieu de se contenter, comme autrefois, d'avoir un
simple magistrat pour administrer

la police dans chaque ville un peu considérable, elles ont établi, dans leur ville centrale, un ministre de la police, dont l'inspection s'étend sur toute une république.

C'est donner une grande autorité à une administration qui, dans tous les temps, ne devait être qu'inférieure, et la rendre nécessairement despotique, tandis que son essence était d'être paternelle.

Les peuples, maintenant républicains, ont été bien heureux que le pouvoir monarchique ne se soit pas avisé d'une telle innovation. Si, pour ne plus se refermer, les gouffres des bastilles étaient ouverts aux ordres d'un simple magistrat, quels maux aurait donc fait un ministre de la police?

Supposons que la surveillance de ce dernier soit de quelque utilité dans les départemens, sur-tout dans

les temps de guerre ou de discorde
civile ; quel bien peut-elle produire
dans le chef-lieu des républiques,
et dans quelques cités principales,
où l'on voit établi une autorité toute
semblable , un peu plus restreinte
dans de justes bornes à la vérité ?
c'est celle du bureau central.

Ne doit-il pas y avoir confusion
de pouvoirs dans ces deux administrations si semblables et en même-
temps si diverses ?

Il est inutile d'observer que l'attribution du ministre de la police
qui lui soit la plus particulière, est
celle concernant la radiation des
émigrés. Cette attribution n'est qu'in-
cidente dans la hiérarchie de ses
pouvoirs , et ne peut durer qu'un
temps limité.

On n'a sûrement pas créé pour ce
seul objet un ministre de la police ;
et les nouveaux gouvernemens répu-

blicains doivent se livrer à l'espérance
consolante, qu'à la paix générale il
n'y aura plus d'émigrés.

Le ministre de la police n'est pas
seulement inutile dans le chef-lieu
et dans quelques grandes villes où la
constitution établit un bureau central, il est encore, en fait de pouvoir,
une sorte d'excroissance vicieuse, eu
égard à l'administration du ministre
de l'intérieur.

Certainement ces deux autorités
ont une grande analogie entre elles;
du contact de leurs différens ressorts
il ne peut résulter qu'embarras et
stagnation dans la marche des affaires.

On a ôté, dira-t-on, au ministère
de l'intérieur quelques attributions,
pour les transporter au ministère de
la police.

N'était-il pas plus simple de les
laisser où elles se trouvaient natu-

rellement placées ? Pourquoi, sans nécessité, multiplier les ressorts? est-ce que la machine du gouvernement n'est pas déjà assez compliquée ?

Un ministre de plus est une surcharge pour le trésor public. Encore s'il était utile!

Les places sont singulièrement multipliées dans un gouvernement populaire. Il en résulte que les républiques sont bien peu économes.

Pour ne parler ici que du ministre de la police : sans doute que les grandes dépenses qu'il occasionne, produisent des effets si salutaires, qu'elles ne sont point à regretter. La sûreté publique est-elle inaltérable ? les mœurs sont-elles moins corrompues? Les villes sont-elles purgées des mauvais sujets qui troublent la tranquillité des bons citoyens ? Le commerce n'est-il enfin fondé que sur la bonne foi ? Les voleurs n'in-

festent-ils plus les grandes routes?
N'entend-on jamais parler d'assassi-
nats?

Si vous ne jouissez pas de tous
ces avantages, ou du moins d'une
partie, républicains ! supprimez
votre ministre de la police.

CHAPITRE XII.

Les officiers municipaux.

LES fonctions municipales sont une de celles qu'il faut conserver avec le plus grand soin.

Les officiers municipaux remplacent les échevins, les consuls, les maires, espèces d'officiers royaux de l'ancien régime, qui étaient quelquefois élevés à ce poste moyennant finance, et qui acquéraient souvent la brillante chimère qu'on appelait la noblesse. De riches négocians, ils devenaient des nobles inactifs et paresseux, pauvres et méprisés.

Les municipaux républicains, vraiment respectables, quand ils sont dignes de leur place, représentent les habitans des communes, qui les ont librement élus. Ils jouis-

sent de l'estime de leurs concitoyens ;
et cet avantage vaut mieux que les
honneurs chimériques et ruineux
qu'on leur prodiguait du temps des
rois.

A l'époque où finit leurs fonctions,
ils rentrent dans la classe des citoyens, se livrent à leur commerce
ou à leurs travaux avec une nouvelle ardeur, et ont pour perspective, s'ils l'ont mérité, de rendre un
jour à la république des services plus
éclatans.

Les municipalités nous rappellent
le gouvernement paternel des premiers siècles ; elles distribuent, avec
le plus d'égalité possible, la partie
que chacun doit soutenir du fardeau
des contributions. Elles attestent
l'existence de leurs concitoyens, et
leur procurent la facilité de parcou-
rir toutes les communes de la république, qui ne devraient former

G 5

entre elles qu'une même famille.

Chargés des fonctions civiles réservées autrefois aux seuls prêtres, les municipaux sont les ministres de la loi ; leurs actes ont un peu plus de valeur que les bénédictions d'un homme en surplis.

Le fanatisme aveugle persiste à croire qu'un moine ou qu'un curé ont beaucoup plus d'influence dans le paradis, qu'un citoyen qui marie au nom de la loi. Les dévots auraient quelque raison de penser de la sorte, s'ils ne pouvaient se dissimuler qu'une étole, un froc, une aumuce, une tiare ne fait pas vivre plus sagement qu'une écharpe tricolore.

Quel homme sensé ne préfère à un prêtre hypocrite, célibataire débauché en secret, un honnête municipal, bon citoyen et bon père de famille ?

La vérité qui guide notre plume

dans cet ouvrage, nous force d'avouer que tous les municipaux ne sont pas également dignes d'éloges.

Les uns sont des intrigans qui parviennent à l'emporter sur les gens de bien.

Tel est l'inconvénient du régime populaire, qu'il est facile d'en imposer à la multitude, et que l'effronterie ne triomphera que trop souvent du mérite modeste ou timide.

Les abus des nominations, tout dangereux qu'ils peuvent être, ont cela de consolant, qu'ils sont de courte durée, le peuple ne tardant pas à reconnaître ses mauvais choix ; et la honte et le mépris deviennent le partage de l'intrigue démasquée.

Il faut, sous le régime républicain, que chacun ait le bon esprit de se mettre à sa place.

Les autres munipaux indignes de la confiance de leurs concitoyens,

G 6

sont les ignorans présomptueux, qui se laissent nommer à des fonctions qu'ils sont incapables de remplir.

Croirait-on qu'il est des municipes qui savent à peine lire et écrire ?

Voici la copie figurée de deux lignes tracées par un municipal d'un des douze arrondissemens de Paris : *Les soussignée atteste vray les fais énoncée dans la petition si dessue.*

Si dans le centre des arts et des sciences il est de tels fonctionnaires publics, que sont-ils donc dans les communes rurales ?

Qu'on ne s'y trompe pas, il n'est aucune place où le bon sens suffise ; quelque teinte d'instruction est nécessaire pour adoucir l'âpreté des mœurs, et il est au moins indispensable de savoir lire et écrire.

On exige des officiers et sous-officiers de la garde nationale ces deux premières parties de l'éducation

la plus simple : à plus forte raison
doivent-elles être prescrites aux citoyens honorés de l'écharpe tricolore, obligés de lire et signer leurs
noms.

A combien d'erreurs graves est exposé le municipal ignare? Il est forcé
de ne voir que par les yeux d'autrui,
ou s'il a la présomption de se fier à
ses lumières naturelles, il s'expose à
commettre des injustices, ou à faire
de grandes sottises.

L'ignorance ne doute jamais de
l'excellence de ses idées et de ses décisions, et elle est tellement opiniâtre,
qu'il serait impossible de lui prouver
qu'elle a tort.

L'amour - propre d'un savant et
d'un homme d'esprit est quelquefois
excusable, ou n'est que ridicule ;
mais dans un sot en place, il cesse
d'être risible, parce qu'il devient
très-dangereux.

Le magistrat qui ne sait rien, et se flatte de savoir quelque chose, est ordinairement moins raisonnable, moins juste que le magistrat instruit et honnête.

Les enfans de nos enfans pourront voir l'intrigue ramper et s'élever aux différens postes des républiques; mais ils verront moins que nous l'ignorance parvenir aux places.

En attendant les heureux effets de l'instruction publique, malheureusement fort éloignés, peuples ! ne décorez de l'écharpe municipale, que des citoyens qui ne vous fassent point rougir de votre choix; et rappelez-vous ce principe incontestable: l'ignorance de l'esprit annonce souvent un cœur peu délicat.

CHAPITRE XIII.

De la Justice et des Magistrats.

DANS la nomination des juges , on n'est pas tout-à-fait exposé à diriger son choix sur la stupidité qui n'a reçu aucune sorte d'éducation ; car personne n'ignore que c'est bien le moins que les membres des tribunaux sachent lire et écrire.

On a seulement à se garantir des intrigues d'une nuée d'hommes de loi (vrais ou prétendus) , de défenseurs officieux sans mérite, qui se présentent avec effronterie , et affichent l'audace que leur donne l'habitude qu'ils ont de parler en public, ou plutôt d'être fort babillards.

La révolution a fait naître un nombre prodigieux de ci-devant jurisconsultes et procureurs , jadis

huissiers ou recors, et qui n'ont
écrit que des exploits ou des assigna-
tions.

Nous remarquons encore des soi-
disant anciens avocats, qui n'avaient
jamais paru au barreau, pas même
au moindre des bailliages, et qui
profitant de la confusion, de la des-
truction de l'ancien ordre de choses,
vous soutiennent effrontément qu'ils
étaient inscrits au rang des premiers
orateurs.

Les gens instruits lèvent les épaules
de pitié, et ont tort de ne pas démas-
quer ce nouveau genre de charlatanisme.

Cette tourbe, étrangement babil-
larde, avide et carnassière, se jette
sur les restes des anciens parlemens,
dont elle fait sa proie.

Elle disparaîtra pour toujours au
bout de quelques années : semblable
à ces nuées de sauterelles, qui

fondent tout-à-coup, sur certaines contrées, et périssent après avoir tout dévoré.

. En attendant, elle siége sur tous les tribunaux, et se repaît de l'espoir d'envahir les meilleures places.

Pourquoi la plupart des juges sont-ils choisis parmi les anciens jurisconsultes, la plupart supposés ? Qu'a de commun la simplicité, la clarté des lois républicaines, avec les cent mille *in-folio* de l'antique et sombre chicane ?

Si l'on n'y prend garde, le petit nombre des lois civiles et criminelles en usage dans les républiques, deviendra, par la suite, le patrimoine des commentateurs, des Saumaise futurs ; et ils l'étendront, l'embrouilleront tellement par leurs notes, leurs contre-notes, et leurs explications, qu'ils parviendraient à le rendre obscur et inintelligible, s'il était possible que le jour cessât d'être la lumière.

Veillez toujours, législateurs à venir, sur ces gens laborieux à ne rien faire; s'ils touchent le moins du monde au nouveau code judiciaire, ils en rendront l'étude pénible, et réservée pour eux seuls.

Point de professeurs de lois; n'ayez de professeurs que dans l'art de terminer promptement un procès, si vous n'en trouvez pas pour empêcher les hommes de plaider.

Nos magistrats actuels n'ont guères besoin que des notions du bon sens, et d'une éducation peu soignée, pour rendre des jugemens équitables et célèbres, et plus réels que ceux de Salomon.

Les lois républicaines, simples et claires, rangées dans un ordre méthodique, sont à la portée de tout le monde. Il suffit de savoir les lire pour être en état de rendre justice à ses concitoyens.

Il est bien à désirer que les juges cessent de faire une classe particulière de citoyens, ne siégeant dans les tribunaux qu'après avoir été hommes de loi ou défenseurs officieux ; comme s'il leur avait fallu s'assujettir à un apprentissage, pour exercer un métier.

Nous avons des citadins, des propriétaires, des agriculteurs, qui en savent tout autant que tel juge moderne, qui se pavane sous son panache et son manteau noir.

Faites donc siéger aux tribunaux ces citoyens éclairés, modestes et vertueux, et non ces gens rapaces de l'ancienne loi, qui seraient moins avides de la qualité de juges, sans les émolumens qu'on y attache, et sans les rétributions secrettes qu'ils espèrent se procurer.

Dans l'établissement des jurés d'accusation et de jugement on a rendu hommage à l'importance des lumières naturelles pour guider Thémis dans ses décisions, qui influent sur les biens, la vie et l'honneur des citoyens. Ces jurés sont pris dans la classe des marchands, des négocians, des artisans, etc. etc. Mais on s'est arrêté à moitié chemin. On n'a point osé faire un choix pareil à l'égard des juges ; comme s'il fallait en savoir davantage pour conseiller un jugement, que pour le prononcer.

N'allez pas croire qu'il faille que le magistrat *prononçant* ait une connaissance essentielle des lois, afin de rectifier les avis des jurés : il n'a besoin aussi que d'être éclairé par le seul bon sens. Une raison singulière veut qu'il ait été homme de loi, avocat ; c'est que les grands juges, en Angleterre, sont pris dans cette classe, bien différente de celle des jurés.

Ces conseillers estimables de la justice devraient être choisis dans les assemblées du peuple, et non par les administrations départementales, qui, à toutes les époques, peuvent être influencées par le gouvernement.

Si une fatalité, jusqu'à présent invincible, a mis des entraves dans tous les établissemens républicains, ah ! que du moins la justice soit libre !

On est parvenu à rendre forcé le service des jurés auprès des tribunaux, qui cependant devrait être aussi volontaire qu'il est honorable. Lorsque le tour d'un juré arrive, il reçoit une *assignation*, portant, à-peu-près, ces mots : « Il vous est » *enjoint* de vous trouver à tel tri- » bunal, à jour et heure fixes, sous » peine de cinquante fr. d'amende,

» et d'emprisonnement, en cas de
» récidive. »

On a dit que l'ancienne chicane
était fort impolie dans ses expressions : celle de nos jours ne lui cède
en rien.

Il est étonnant que le langage gros-
sier qu'elle emploie, et les sommes
énormes qu'elle exige, n'en dégoûtent
pas pour jamais.

L'institution des juges-de-paix est
une excellente chose; elle serait bien
meilleure et plus utile, si le peuple, en
les nommant, ne s'égarait point dans
son choix, et n'accordait souvent ce
titre respectable à des citoyens de
l'ignorance la plus crasse.

Il y a dans les campagnes (on
parle ici de toutes les républiques)
des juges-de-paix qui savent à peine
signer leurs noms. Ils n'ont quelque
intelligence qu'à l'aide de leurs gref-
fiers, et de leurs assesseurs.

Si la comparaison n'était pas trop magnifique , nous dirions que certains juges-de-paix ressemblent assez aux rois, incapables de prendre aucun parti , sans être éclairés par l'avis de leurs conseils.

Comment veut-on que des juges d'une conception si bornée , puissent empêcher les procès ? Ils les font naître bien plutôt, et les perpétuent dans les tribunaux supérieurs.

Que le procès-verbal d'une plainte , d'une information, d'une visite, soit rédigé tout de travers , ne voilà-t-il pas le bon droit d'une partie dénaturé, et la cause la plus juste ne peut-elle pas tout-à-coup prendre une mauvaise face ?

Ce sont d'étranges gens que la plupart des juges-de-paix ! Ils n'ont souvent pas plus de lumières que d'aménité dans le caractère. Le moyen qu'ils aient l'intelligence et la dou-

cœur requises pour calmer les contestations, pour concilier deux citoyens,
dont l'un a réellement tort, ou qui
ont peut-être raison tous les deux!

Il est des juges-de-paix doués
d'une humeur si irascible, qu'ils
crient et s'emportent beaucoup plus
que les plaignans : on dirait que
ce sont eux qui sont lésés, et qu'ils
vociferent contre une horrible injustice.

Depuis l'institution des juges-de-
paix et de leur tribunal conciliateur,
voit-on moins de procès qu'autrefois? On peut assurer que le nombre
des plaideurs est tout aussi considérable qu'avant cet établissement,
dont on espérait de si heureux ré-
sultats.

N'en inférons pourtant pas que
ces juges en soient l'unique cause.
Elle se trouve aussi dans la perversité humaine : on ne peut envahir

par

par force le bien d'autrui ; on veut tâcher de l'avoir en déployant toutes les ruses de la chicane.

Malgré les lois les-plus sages, il y aura toujours des procès dans le monde, parce que l'homme sera sans cesse avide, intéressé, envieux, et jamais content de son sort.

La chicane et la manie des procès est un vice aussi ancien que la société; il disparaîtra de dessus la terre, quand on ne verra plus ni despotes, ni ministres ambitieux et inhumains.

On croirait plutôt à la paix perpétuelle, qu'à la cessation de tout procès entre les hommes.

Un plaideur a quelque ressemblance à un joueur ; il risque le tout pour le tout ; d'un seul coup il peut se ruiner ou s'enrichir. Une carte fait perdre à un joueur tout ce qu'il possède ; une pièce produite par sa partie adverse dépouille le plaideur.

H

de toute sa fortune ; et l'amateur des jeux de hasard, et celui qui aime à s'enfoncer dans les détours de la chicane, finissent l'un et l'autre par être réduits à la mendicité.

Est-ce que Thémis républicaine n'a pas adouci le sort des imprudens qui sollicitent ses faveurs? Non, ils sont aussi volés que jadis par les nombreux membres de la chicane, qui vont toujours pullulant ; et la justice, qui devait être gratuite, continue de se vendre un prix énorme, comme le trésor le plus précieux et le plus rare que l'on puisse acquérir.

Ce qu'il y a de singulier, c'est que les lois républicaines ont voulu diminuer les frais de la procédure ; et que, de nos jours, ils sont au moins doublés.

Cela ne proviendrait-il pas de ce que l'on vend maintenant en détail la justice, au lieu qu'au temps passé on la vendait tout-à-la-fois ?

Ce que l'on paie par parties re-
vient plus cher, que ce qu'on achetait en gros. Mais, en fait de frais judiciaires, les riches ne sont pas plus
ménagés que les pauvres, ils le sont
encore moins.

Il faut que les magistrats républicains ne jugent que d'après les lois,
sans éprouver l'influence d'aucun
pouvoir quelconque.

La seule manière de défendre leur
jugement est celle-ci : *Nous avons
pris pour guides notre conscience
et la loi.*

La tyrannie la plus odieuse est
celle du gouvernement, législatif et
exécutif, forçant les magistrats d'a-
dopter des principes variables et
qu'il change sans cesse.

Il est de toute justice que l'homme
innocent accusé mal à propos d'un
crime ou d'un grave délit, et pour-

suivi et incarcéré, soit dédommagé, par un gouvernement républicain, du tort fait à sa famille et à son honneur pendant qu'il était dans les fers.

La garantie à laquelle doit être soumis tout fonctionnaire public, rassure la vertu contre les coups arbitraires de l'autorité, et contre les erreurs, même involontaires, des tribunaux.

Nous ne pouvons croire que les républiques modernes n'aient pas l'intention de déclarer qu'il n'y a point égalité de crimes et de délits, comme il peut y avoir égalité de droits, et que par conséquent il faut mettre une grande différence, et dans la manière de poursuivre certains prévenus, et dans la manière de les punir, lorsqu'ils sont jugés coupables.

Cependant nous voyons confondre

dans les mêmes cachots l'accusé de simples délits, l'escroc, le voleur, l'assassin, et les enfans au-dessous de quatorze ou seize ans. Il résulte de cet étrange amalgame que l'innocence se corrompt dans la société du crime, et que lorsqu'elle obtient sa liberté, elle n'en est plus digne, et va porter le désordre dans la société civile (1).

Dans combien de villes et de communes les détenus pour dettes sont-ils renfermés avec les malfaiteurs !

Les cœurs sensibles sont encore plus douloureusement affectés, en voyant que les maisons de cor-

---

(1) Un seul magistrat républicain a élevé la voix, jusqu'à présent, sur un abus aussi funeste, principalement à l'égard de l'enfance; il a proposé, avec une éloquence aussi persuasive que sentimentale, l'établissement d'un tribunal de *correction paternelle*. Il s'agit ici du citoyen Bexon, ex-président du tribunal criminel.

H 3

rection ne sont autre chose que les maisons d'arrêt.

Peuples qui vous dîtes policés, comment avez-vous l'injustice et la barbarie de forcer à vivre avec des scélérats, ceux que vous destinés à rentrer un jour dans la société? Que ne leur ouvrez - vous l'asile de vos hôpitaux? Ils n'y seraient qu'avec l'honnête pauvreté, et s'y livreraient à un travail utile.

Le mauvais régime des prisons, sur-tout en France, en rend le séjour une école de crimes, et beaucoup plus affreux que la mort, par la misere qu'on y éprouve, l'air empoisonné qu'on y respire, et par la vue continuelle des brigands.

On est souvent tenté de demander si, dans une république, les juges sont plus intègres que dans une monarchie.

Ils devraient l'être davantage,

parce qu'ils ne prononcent qu'entre leurs égaux et leurs frères. Mais on pourrait soupçonner qu'ils ne le sont peut-être pas tant, parce qu'ils sont bien moins riches.

Cependant ne calomnions point l'honorable indigence ; elle est la preuve d'une probité sans reproche parmi les citoyens : pourquoi ne prouverait-elle pas la même chose dans un juge ?

On remarque de grandes différences entre un magistrat républicain et un ci-devant membre de parlement ou d'une cour souveraine. Le premier avait cent mille livres de rente, achetait fort cher le droit de juger, tant bien que mal, et recevait des épices. Il entretenait fastueusement une maîtresse, et venait dormir à l'audience.

Le juge républicain, n'a que ses modiques honoraires ; le peuple l'investit du droit de s'asseoir sur un tribunal, où il se rend modestement à pied, et s'il reçoit des épices, c'est en secret. Il se borne à vivre maritalement avec sa femme ; et comme l'hymen est sobre de plaisirs, il veille à l'audience, ou y dort rarement.

La fortune tenait lieu de mérite dans l'ancienne magistrature : on se passe des richesses dans la nouvelle, et quelquefois du mérite.

Nous allons finir ce chapitre par une dernière observation. La vénalité était la honte des magistrats de l'ancien régime : ne pourrait-on pas reprocher à la plupart de ceux d'aujourd'hui, la cupidité qui leur fait désirer toutes les places ?

Encore si ces juges ambitieux étaient les plus attentifs à remplir leurs devoirs, ou les plus éclairés !

CHAPITRE XIV.

Des Mœurs.

On a dit et répété que les mauvais gouvernemens font les mauvaises mœurs. Nous le redirons aussi, sans espérer plus de succès que les moralistes qui nous ont précédé. Car si les hommes, plus enclins au mal qu'à la vertu, écoutent froidement les conseils de la philosophie, et les ont bientôt oubliés, il en est de même, à plus forte raison, des gouvernemens; ils laissent prêcher tranquillement la sagesse (pourvu qu'elle ne parle que d'après leur bon plaisir), et les abus subsistent toujours.

Depuis trois mille ans que les philosophes osent élever la voix, quel monarque s'est corrigé de la prétention ridicule de se croire un Dieu sur

H 5

la terre? Quel ministre a frémi des
flots de sang qu'a fait répandre sa
barbare politique? Quel magistrat
suprême d'une république a craint,
jusqu'à nos jours, de s'investir d'un
pouvoir trop étendu?

Cependant ne nous lassons point
de faire tonner à leurs oreilles la
voix de la vérité, et s'ils refusent de
l'entendre, laissons au remord le soin
de les punir.

De graves raisonneurs ne cessent
de nous crier que les républicains
doivent avoir des mœurs sévères.
Pourquoi les républicains, formant
une grande et antique société, jadis
dirigée par des lois monarchiques,
seraient-ils plus sages que les autres
peuples? Ils n'ont pas sous leurs
yeux, il est vrai, l'exemple du luxe
d'une cour corrompue, et les fortunes ont moins d'inégalité. Mais ils
ont le souvenir et l'habitude de toutes

les jouissances ; et de nouveaux riches, de nouveaux parvenus annoncent chaque jour, par un faste insolent, qu'il est des citoyens tirés de la foule par d'heureuses circonstances, et qu'il est encore des prérogatives humiliantes.

L'égalité paraît aux pauvres une chimère, tant qu'ils sont comme écrasés par des fortunes colossales.

Une réflexion qui ne contribue point à les consoler, c'est qu'ils ne peuvent disconvenir qu'il y aura dans tous les temps quelques riches privilégiés, sur des milliers d'indigens, et qu'il en résulte un bien plutôt qu'un mal.

Le luxe est nécessaire dans tous les gouvernemens, en ce qu'il est la ressource de l'ouvrier et de l'artiste. Le riche fastueux est forcé, malgré son égoïsme, de répandre autour de lui une partie de ses trésors ; sans

H 6

qu'il en ait eu le généreux dessein ;
la moindre de ses fantaisies fait vivre
dans l'aisance une centaine de familles.

On veut que l'économie soit une
des principales vertus des républiques. Oui, quand elles sont pauvres,
et que leur territoire est d'une étendue bornée.

D'ailleurs, l'économie convient à
tous les états, même aux monarchiques.

Le système qui veut que cette
vertu soit spécialement le partage des
républicains, ne fait-il pas naître
parmi eux l'esprit de fausseté et la
dissimulation des fortunes?

Il n'y a pas loin de cette conduite
oblique à l'hypocrisie, à l'affectation
de sentimens estimables, qu'on est
loin d'éprouver. Serait - ce une des
causes de toutes les vaines démonstrations de patriotisme?

Pour ramener à notre sujet le principe que nous venons de poser, il
est sûr que dans les républiques, il
n'y a que les nouveaux riches qui
étalent le faste et l'opulence : sans
doute parce que n'étant point accoutumés à leur fortune subite, un sot
orgueil les porte à l'afficher.

L'ancien propriétaire, plus raisonnable ou plus dissimulé, crai-
gnant d'exciter l'envie, met des
bornes à sa dépense, et s'efforce autant de paraître pauvre, qu'il se
montrait opulent et fastueux du
temps des rois.

Le commerce et les arts fleurissant
moins, dans les commencemens d'une
république, le nombre des malheureux sans pain grossit d'une manière
effrayante. Mais cet état de choses
ne peut durer long-temps ; les riches
veulent enfin jouir de leur aisance,
et l'équilibre est rétabli.

Une preuve frappante que le luxe
n'abandonne point les républiques
modernes, c'est qu'on y voit régner
tous les goûts frivoles, tous les plaisirs ruineux qui en sont la suite iné-
vitable. Les spectacles, les bals y
sont multipliés à l'infini ; des modes
bizarres y font admirer leurs ridicules et leur indécence ; des maisons
de jeux sont un gouffre qui englou-
tit les fortunes, et change en un affreux désespoir la sécurité des dupes ;
de jolies courtisannes, dangereuses
syrènes, sont presque entretenues
avec autant d'éclat qu'autrefois.

Le luxe, nous dira-t-on, a détruit
la république romaine : ainsi craignez le même sort pour celles de nos
jours.

A cette grave observation nous
ne répondrons qu'un mot : ce n'est
pas le luxe qui a détruit la liberté
dans Rome, mais les richesses énor-

mes que réunissaient quelques particuliers , et qui les mirent à même d'envahir le souverain pouvoir.

Les gouvernemens républicains actuels ne doivent donc rien appréhender de semblable, tant qu'ils maintiendront dans les fortunes une sorte d'égalité , c'est-à-dire , tant qu'ils ne laisseront pas tout envahir par quelques millionnaires.

Les richesses et le luxe ont banni de la société plusieurs vertus , dont il ne nous reste que l'apparence.

L'humanité n'est plus que dans les livres de morale.

La bienfaisance est devenue un mot de convention , qui sert à exprimer qu'on plaint le sort des infortunés , mais qu'on ne fait rien pour eux.

Comment les hommes en société, se croiraient-ils frères selon le vœu de la nature? Les membres des familles, divisés par l'intérêt, se regardent comme ennemis.

Tel qui a toujours à la bouche les mots de compassion, de douce pitié, serait au désespoir de donner une pièce d'argent à un infortuné, et son cœur est d'airain pour les maux de ses semblables.

Tel écrivain qui vante sans cesse le prix de la vertu, est souvent un égoïste portant le désespoir dans l'intérieur de sa famille, et se livrant en secret à la crapuleuse débauche.

Le monde est rempli d'hypocrites en morale, tout autant que de faux dévots.

Parmi les vertus dont nous sommes privés depuis des siècles, regrettons sur-tout l'hospitalité. Le voyageur pauvre ou riche, était accueilli avec transport dans toutes les demeures où il se présentait; dès que ses lèvres avaient touché la coupe du père

de famille, sa personne était sacrée. Un ennemi même était reçu
comme un frère, lorsqu'il implorait
les lois de l'hospitalité.

Maintenant quel voyageur oserait
aller demander un asile dans une
maison inconnue ?

Hélas ! on a fait un crime de la
pauvreté, elle est abhorrée, on la
fuit avec horreur. Loin d'offrir son
superflu à qui que ce soit, on se renferme pour se gorger de viandes,
pour ruiner sa santé à des tables
couvertes d'une infinité de mets per-
nicieux.

Les possesseurs de l'or sont parvenus à faire regarder comme une
honte la nécessité de mendier des
secours indispensables.

On méprise l'infortuné contraint
de révéler son horrible situation ; il
est forcé de se donner la mort, à lui,
à sa malheureuse compagne et à ses

enfans, plutôt que de s'exposer à la pitié insultante des riches endurcis. Et l'on appelle toutes ces horreurs des mœurs policées!

Au milieu des abus qu'entraînent l'égoïsme des richesses, et l'abandon où il laisse la vertu, déplorons sur-tout le sort affreux qu'éprouve une jeune infortunée, sans appui et sans travail, au sein d'une grande ville.

L'égalité des droits des citoyens, tant vantée dans les républiques, ne fait-elle pas une loi impérieuse de pro-téger un sexe faible et intéressant, formé pour notre bonheur, et qui est souvent l'une des malheureuses victimes d'une foule de préjugés et de la perversité des mœurs?

CHAPITRE XV.

Les Carrosses et les Cabriolets.

Le philosophe le plus sévère excuserait l'usage des carrosses et des cabriolets dans les grandes villes, s'ils ne traversaient les rues qu'avec lenteur; il n'y verrait qu'une jouissance des riches, bien libres de se procurer, pour leur argent, les commodités qu'ils désirent.

Mais que doit-il penser, en voyant ces voitures élégantes, peintes ou dorées avec un soin extrême, rouler très-rapidement en différens sens au milieu d'une foule immense de citoyens, et métamorphosées en machines meurtrières qui écrasent ou estropient les personnes assez malheureuses pour ne point se préserver au plus vite ou des roues ou des chevaux?

Ce philosophe ne s'imaginerait-il pas que toutes les prérogatives sont pour les riches ; que les rües leur sont exclusivement réservées , et qu'ils y ont le droit de vie et de mort sur l'honnête citadin qui ne marche qu'à pied ?

Que penserait-il de la police des villes où se commettent chaque jour de pareils attentats contre l'humanité ?

La voie publique est libre à tout le monde. Le moindre citoyen, membre de la société , paie sa part des impositions pour que le gouvernement veille sur ses propriétés, s'il en a, mais encore pour qu'il réponde de la sûreté de sa personne.

Est-ce remplir les obligations imposées par le pacte social , que de souffrir, sous l'œil même des lois, que ce citoyen soit blessé , écrasé, ou qu'il en coure même les risques ?

Qu'auraient dit les magistrats chargés de veiller à l'ordre public, si ce
malheureux s'était permis de courir
dans les rues, à tort et à travers, de
heurter et de renverser tous ceux
qu'il aurait rencontré sur son pas-
sage ? Ne l'aurait-on pas arrêté
comme un fou frénétique, ou comme
un perturbateur de la tranquillité publique ?

A plus forte raison, doit-on punir sévèrement le maître d'une voiture qui roule très-vîte dans les rues,
au risque de meurtrir ou d'écraser
quelqu'un ; puisqu'on est menacé en
même-temps et par les roues et par
des chevaux fougueux.

Transportons au milieu de nos
grandes villes un sauvage, un insu-
laire de la mer du Sud : épouvanté
du bruit affreux des carrosses, des
cabriolets, rapides comme la foudre,
et chassant devant eux la foule des

citoyens éperdus ; les voyant broyer les moins diligens à s'enfuir : ce sauvage ne prendrait-il pas pour des machines de mort ces brillantes voitures? Il les croirait destinées à écraser les criminels.

L'indignation redouble quand on songe qu'il est deux capitales en Europe (Madrid et Londres), où les chevaux, ou mules, attelés aux voitures, ne vont guères que le pas ; et quand on songe que ce sont directement des villes républicaines qui refusent de suivre cet exemple.

La mauvaise police concernant les carrosses, achève de prouver combien l'inégalité des fortunes est en contradiction avec l'égalité des citoyens.

Les cabriolets sont beaucoup plus dangereux que les carrosses, parce qu'ils sont plus légers, et que roulant très-rapidement sans qu'il soit presque possible de les entendre, on en est renversé au moment qu'on s'y attend le moins.

Pour obvier à des accidens trop multipliés, le bureau-central de Paris s'est avisé de prescrire aux maîtres de ces sortes de voitures, de placer des grelots au poitrail du cheval, des lumières, pendant la nuit, aux deux côtés de la voiture, et de n'aller que le pas dans les rues. Mais ces réglemens impliquaient contradiction ; car s'il ne fallait que rouler doucement, à quoi servaient les grelots et les lanternes ? Et si, munis de sonnettes et de lumières, les cabriolets ont la liberté de rouler d'une vitesse extrême, les citoyens courent-ils moins le risque d'être écrasés au bruit de ces sonnettes et à la lueur de ces réverbères ambulans ?

Les maîtres des cabriolets ont senti la double contradiction, et ne sachant comment la décider, ils ont pris le parti de ne point rallentir la vitesse de leurs chevaux.

En sorte qu'au moyen de ces précautions apparentes, le jockey, le petit-maître attente chaque jour avec impunité à la vie des piétons ; le magistrat central les voit périr sans que sa conscience en soit troublée (il croit avoir fait tout ce qui dépendait de lui) ; tout le monde est content, excepté le malheureux écrasé.

Il ne s'agit pourtant que d'employer un expédient bien simple : supprimez tout-à-fait les cabriolets ; qu'ils ne puissent plus rouler que dans les campagnes, et qu'ils ne s'y rendent qu'avec lenteur, munis ou non de grelots et de sonnettes, et d'une ou deux lanternes.

Les magistrats du bureau central de Paris les avaient défendues, ces voitures rapides et funestes ; mais elles

elles ont reparu tout-à-coup, et continuent à porter de toutes parts l'effroi ou la mort, malgré les sages arrêtés qui les proscrivent.

On assure que c'est un nouveau crime commis par l'influence de l'or; on assure que des magistrats se sont laissés gagner par une somme annuelle, que leur paient ceux qui louent ces voitures à tant par heure, et qu'ils ferment les yeux sur le sang des infortunés qui innonde quelquefois le pavé de Paris......

Nous repoussons avec horreur ces bruits calomnieux...... Mais par quelle fatalité des voitures justement proscrites continuent - elles à reparaître sur les places publiques, dont on les avait expulsées, et à menacer tous les jours la vie des citoyens, sans que les magistrats qui les ont sagement défendues, se mettent en devoir de maintenir leur arrêté?

I

Au commencement de la révolution, comme le peuple se faisait
justice lui-même, toutes les voitures
ne roulaient qu'avec lenteur dans
Paris ; alors l'égalité n'était point
une chimère ; la vie du dernier artisan était aussi précieuse, aux yeux
de la patrie, que celle du premier
personnage de l'état.

Membres du bureau central, puisque vous n'avez pas l'énergie de
mettre à exécution un des plus sages
arrêtés que vous ayez jamais rendus,
suivez l'exemple de vos frères de 1789,
déclarez que le peuple punira, sur-
le-champ, tout cocher et maître de
voiture qui mutileront ou écraseront
un citoyen ; et déclarez enfin que les
réverbères attachés aux deux côtés
des cabriolets, seront un symbole
allégorique, qui avertira sans cesse
de son triste sort tout conducteur
imprudent : dès qu'il se sera rendu

coupable , aussi-tôt la justice du peuple l'attachera au plus prochain réverbère , après avoir , toutefois , constaté le délit devant un juge-de-paix.

Nous vous promettons, magistrats, qu'il n'y aura plus de citoyens écrasés sous les pieds des chevaux , ou broyés sous les roues des chars de nos sybarites.

Le moyen est un peu violent. Nous consentons qu'il n'ait force de loi , que jusqu'au moment où vous en aurez trouvé un meilleur , et dont vous jurerez de faire constamment usage.

CHAPITRE XVI.

Monts - de - Piété, Prêteurs sur gages.

LES monts - de - piété n'écrasent point physiquement les malheureux citoyens; ils les volent et les dépouillent, en paraissant venir au secours de l'indigence.

C'est cruellement se jouer de l'humanité, que de dire à l'infortune : « Nous vous secourerons dans votre » misère, moyennant douze pour » cent par année, et pourvu que » vous nous apportiez en nantisse- » ment de bons effets, des nippes, du » linge, des bijoux, etc. etc. Nous » estimerons le tout à moitié de sa » valeur; nous vous prêterons très- » peu; et si vous ne retirez vos gages » au bout d'un temps prescrit, nous

» les vendrons pour nous rembour-
» ser ; de manière qu'il ne vous res-
» tera plus rien. Allez , et bénissez
» vos bienfaiteurs. »

Cette bienfaisance, comme on le
voit, n'est qu'un moyen honnête ou
plutôt tortionaire de s'enrichir aux
dépens des malheureux.

La foule se porte néanmoins vers
ces étranges amis de l'infortune. Dans
les temps de calamité l'affluence
redouble , les profits du lombard
grossissent , tandis que l'indigent ,
qu'il a eu l'air de secourir , reste
couvert de haillons.

En comparaison des infâmes usu-
riers qui les avaient précédés, et qui
emportaient souvent les effets remis
entre leurs mains , les monts-de-piété
étaient un établissement estimable.
et très-utile.

On en eût tiré des avantages précieux, si on les eût fondés en France,

sur le modèle de ceux d'Italie, de Naples, de Rome. On n'y prend que deux pour cent d'intérêt par année. C'est véritablement secourir les pauvres, et mériter le titre respectable de mont-de-piété.

Qu'ils sont différens ceux que nous avons dans les principales villes de France! Il est vrai que le bénéfice qui en résulte est versé dans les hôpitaux. C'est-à-dire qu'on donne le moins possible à ces maisons de charité, et que les administrateurs mettent dans leurs poches des sommes considérables, prises sur la plus touchante indigence.

Mais versa-t-on réellement dans la caisse des hospices de bienfaisance, le bénéfice net produit par les monts-de-piété, l'homme raisonnable et humain gémirait encore sur la source d'où ces secours seraient tirés. Quelle étrange aumône! Dérober aux pauvres pour donner à d'autres indigens!

Est-ce là faire un acte méritoire?

Les monts-de-piété d'Italie sont infiniment utiles aux hôpitaux, et cependant ils prêtent à un intérêt très-modique !

Hommes égoïstes et durs, pénétrez dans les magasins de ces maisons de prêt, et vous vous sentirez attendris malgré vous, en y voyant déposés, pour de petites sommes, les lits, le linge et les hardes d'un grand nombre de familles, réduites à ne se vêtir qu'à-demi et à coucher sur la paille.

La belle action à faire, que celle de retirer ces misérables nantissemens, et de les rendre à leurs infortunés propriétaires, qui en ont le plus grand besoin !

Il est encore une action plus louable et plus humaine : portez promptement la réforme dans ces prétendus monts-de-piété ; qu'ils prêtent aux malheureux à un taux modéré : les cœurs sensibles n'auront plus à gémir de voir profâner les mots de piété, de bienfaisance, etc.

Le corps législatif français se propose d'opérer ces changemens salutaires. Il recevra les bénédictions de l'infortune, et les remercîmens de tous les gens de bien.

En attendant cette sage réforme, il s'est élevé une quantité immense de prêteurs sur gages, dont les conditions sont encore plus révoltantes, plus barbares que celles des monts-de-piété. Ils ne rougissent pas de prêter à cinquante et cent pour cent, et n'accordent que deux ou trois mois pour retirer les effets dont ils sont nantis, qu'ils vendent ensuite impitoyablement.

Ces sang-sues publiques ont raison de s'empresser à faire leur fortune du malheur général : elles ne peuvent exister que dans les temps désastreux.

CHAPITRE XVII.

Les Auteurs, les Hommes-de-Lettres, les Poétes.

LA classe des citoyens estimables et laborieux dont nous allons parler, ne cherche point à profiter d'aucune circonstance pour s'enrichir. Elle est ordinairement peu favorisée des biens de la fortune, parce qu'elle les dédaigne, parce qu'elle ne va point faire la cour aux distributeurs des grâces, et qu'elle se fait gloire d'être indépendante.

Cette portion de la société, plus éclairée que ceux qui sont froids pour la patrie, ou qui ne la servent que par intérêt, brûle du feu sacré du patriotisme ; mais elle ne flatte jamais ni les rois, ni les républicains,

I 5

dont elle est toujours prête à censu-
rer les fautes.

Aussi les gouvernans de tous genres
ont-ils peine à cacher la haine qu'ils
lui portent, tandis qu'ils devraient
honorer les interprêtes de la vérité,
et repousser le langage corrupteur de
l'adulation.

Il est de la destinée des gens-de-
lettres d'avoir pour ennemies les
deux extrémités de la société : les
premiers fonctionnaires, et la classe
du peuple la moins éclairée.

On va sûrement dire que nous calomnions les principaux membres
des gouvernemens ; que l'on repré-
sentera comme toujours disposés à
protéger les poétes célèbres, les
grands écrivains.

Nous avouerons que ce phénomène
s'est vu quelquefois ; mais on conviendra aussi que pour un despote
qui accueillit honorablement un

grand homme, dont il se flattait de partager l'immortalité, il en est au moins cent aux yeux desquels la littérature et la poésie ne méritaient que les cachots des bastilles.

Pour juger si les gouvernans ré-publicains pensent d'une autre ma-nière, rappelez-vous les efforts qu'ils ont faits pour détruire ou pour rendre presque nulle la liberté de la presse, cette sauve-garde du peuple contre l'oppression.

Quelle tâche difficile s'impose l'homme de génie qui prend la plume pour éclairer son siècle! Il faut qu'il s'efforce de surpasser les auteurs de l'antiquité qui ont publié un ouvrage dans le genre du sien, ou qu'il lutte du moins contre eux avec avantage. Il faut qu'il saisisse le goût fugitif de son siècle, qu'il le surpasse quand il est défectueux, et qu'il écrive pour tous les pays et pour tous les temps. Ce n'est point encore tout : il contracte l'obligation d'égaler, s'il ne peut mieux faire, les écrivains de son temps; alors tous les amours-propres littéraires s'élèvent contre lui ; et de toutes les passions humaines, la vanité et la colère sont les plus promptes à s'allumer dans le cœur d'un bel-esprit ou d'un savant, et elles ne s'éteignent jamais.

Quand on réfléchit aux difficultés que doivent vaincre l'homme-de-lettres et le poéte, aux désagrémens cruels qu'ils éprouvent, on ne conçoit pas comment ils ont le courage d'écrire, et l'on ne peut s'empêcher de leur en savoir gré, quoiqu'ils n'aient fait que se livrer aux impulsions d'un amour-propre exalté.

Dans une république naissante, ou dans des temps orageux, l'homme-de-lettres est en proie à de nouveaux inconvéniens. Ce n'est plus assez

pour lui d'avoir à vaincre les difficultés que présente la composition
d'un bon ouvrage, et d'opposer un
front calme aux injustes critiques
de l'envie et des sots ; il est exposé
aux persécutions des différens partis
qui agitent sa patrie. Le royaliste
lui fait un crime de ne point penser
comme lui , tandis que l'ardent pa-
triote l'accuse d'être modéré, et veut
le faire passer pour suspect.

Souvent ces nombreuses clameurs
séduisent quelques membres du
gouvernement ; et l'écrivain est
trop heureux si elles ne servent
que de prétexte pour le laisser dans
l'oubli.

La guerre entre les nations n'est
pas la seule qui afflige les regards du
sage ; il voit encore , avec douleur ,
les particuliers et les gouvernemens
s'acharner contre l'homme-de-lettres,
qui résiste au choc des opinions mal-

gaires, comme un rocher aux flots d'une mer irritée.

Quel est le sort réservé à l'écrivain courageux et énergique, qui prouve que le peuple est malheureux, et qu'il pourrait être mieux gouverné ?

Il faut que l'homme-de-lettres soit bien pénétré des devoirs du citoyen, pour se dévouer avec courage au mépris des sots et à la haine des gens en place.

Ce qu'il y a de singulier, c'est qu'il ne cesse d'écrire en faveur du peuple opprimé, dont il n'a rien à prétendre, et qu'il ne cesse en même-temps de tonner contre les oppresseurs, dont il pourrait espérer de magnifiques présens, ou des pensions.

Que prétend-il pour prix de ses travaux et de son dévouement ? La satisfaction d'être utile à ses contemporains, et de jouir, peut-être , de quelque estime dans la postérité.

Il consume ses jours à éprouver des maux réels , afin de parvenir à l'immortalité , qui n'existera pour lui que lorsqu'il ne sera plus.

Il y a cependant quelque chose de consolant et de flatteur dans l'espoir d'immortaliser son nom : tandis qu'une foule de rois , de ministres , d'orgueilleux gouvernans , disparaît sans retour , à jamais engloutie dans la nuit du tombeau , ou ne laisse après elle qu'une mémoire odieuse , l'écrivain , objet des froids dédains de cette tourbe illustre et méprisante ; l'écrivain qui vécut seul , isolé , brave le néant attaché aux trois-quarts et demi des hommes , se survit à lui-même , et son nom , couvert de gloire , passe à la postérité la plus reculée.

Cette immortalité à venir est sans

doute une chimère, puisque l'homme
à qui elle est réservée ne la goûtera
jamais.

Il n'ose même se la promettre
qu'en idée, dans la crainte de se
faire accuser d'un amour-propre
excessif.

L'homme-de-lettres estimable
jouirait d'avance de la gloire attachée
à un nom illustre dans les siècles futurs, si les suffrages de tous ses contemporains venaient le chercher dans
sa retraite.

Il ne recueille que les hommages
du petit nombre; et s'il semble n'être
entouré, dans le monde, que d'ennemis, c'est que les partisans du
vrai mérite y sont clair-semés.

Combien de chagrins cuisans ne
lui coûte pas l'illusion brillante dont
le berce son imagination exaltée !
Plus il se livre à de pénibles travaux,
plus il met au jour d'ouvrages im-

porfans , et plus il se prépare une, tâche nouvelle et pénible.

Obtient-il un éclatant succès ? L'envie se joint à la sottise pour le tourmenter.

Comment juge-t-on souvent les productions du talent et du génie ? On dénigre , on méprise le genre des ouvrages ; il n'y a guères qu'aux pièces de théâtre , aux écrits philosophiques et à l'histoire , qu'on est convenu d'accorder quelque estime.

Cependant les pièces de théâtre sont ordinairement médiocres , leur style n'est pas toujours élégant, leur intrigue n'est pas toujours neuve ; les écrits philosophiques ne contiennent qu'une morale usée , cent fois rebattue en pure perte ; et l'histoire n'est qu'une compilation plus ou moins bien faite.

Les lecteurs sont communément disposés à déprimer ou le genre de l'ouvrage, ou la manière dont il est traité. Quelquefois on éprouve en même-temps ces deux sortes de critiques. L'une fait un peu plus d'honneur que l'autre. C'est aux auteurs à choisir.

Il est plaisant de voir les divers agens employés par le poëte et l'écrivain., se pavaner, s'énorgueillir, comme s'ils étaient des personnages, tandis qu'à peine ils savent lire.

Ceux qui méprisent un homme-de-lettres, seraient bien surpris, si on leur apprenait le nombre infini d'ouvriers, de marchands, de manufacturiers dont il assure l'existence.

En temps de paix, la librairie française fait, chaque année, à l'étranger, une exportation de plusieurs millions.

Il serait à sou ... ter que l'homme-de-lettres eût la faculté de pouvoir

par lui-même imprimer et vendre ses
ouvrages.

Dénué des moyens nécessaires
pour mettre au jour ses productions, l'écrivain est forcé de les
vendre à un libraire; et le voilà dans
la dépendance d'un marchand, lui
qui refuse de se courber devant les
puissances de ce monde.

Un libraire est souvent un honnête homme, rempli d'intelligence;
mais il fait souvent sentir à un auteur qu'il lui procure les moyens de
vivre, et qu'il lui ouvre les portes
de l'immortalité.

Malgré de si grands services,
l'homme de génie se plaindra toujours de son libraire, qu'il accuse
de le payer trop peu, et celui-ci
dira toujours qu'il est ruiné par les
auteurs.

Il n'y a qu'un moyen de finir cette
espèce de guerre. On parle, depuis

long-temps, qu'une compagnie de riches spéculateurs se propose de prêter aux gens-de-lettres, à dix pour cent, les sommes dont ils auront besoin pour l'impression de leurs ouvrages en tous genres, pièces dramatiques, romans, histoires, etc. etc.

Cette entreprise pourrait être fort utile. Les libraires seraient alors chargés du débit des éditions ; les fonds ne leur manqueraient plus pour activer leur commerce ; ils déployeraient sans obstacle leur expérience et leur habileté.

Tout le monde serait-il content ? Nous n'osons l'affirmer.

CHAPITRE XVIII.

Théâtres, Poétes dramatiques, Comédiens.

CE serait une erreur de croire que les représentations théâtrales étant un délassement de l'esprit, un amusement pour tous les citoyens, ne sont en vogue que parmi les nations florissantes et tranquilles. Nous voyons, au contraire, les Athéniens se porter en foule au théâtre, avec un nouvel empressement, tandis que les armées innombrables des Perses menaçaient d'envahir la Grèce entière.

Les Romains, à l'époque où ils étaient le plus malheureux, demandaient à grands cris du pain et des spectacles.

Au milieu des guerres sanglantes

qu'ils soutenaient au-dehors contre tous les rois de l'Europe, et qui déchiraient l'intérieur de leur république naissante ; accablés d'impôts et de misères ; voyant les échafauds arrosés du sang de leurs amis et de leurs proches, les Français coururent au spectacle avec une nouvelle ardeur.

A ces mêmes époques glorieuses et désastreuses, seuls habitans de leur ville désertée par l'étranger et par l'opulence, les Parisiens, presque dénués de ressource pour vivre, se privaient d'une partie de leur nécessaire pour entretenir des danseurs, des chanteurs et des comédiens.

La postérité aura peine à croire que dans les jours les plus déplorables, il y eut dans Paris au moins trente grands théâtres, où l'on se portait en foule.

Les Parisiens, non contens d'étourdir leur douleur et leur indigence par la représentation des jeux scéniques, poussèrent l'enthousiasme jusqu'à jouer eux-mêmes la comédie. Ils élevèrent des théâtres dans presque toutes les rues, où l'on entrait moyennant une légère rétribution, destinée à fournir aux menus frais.

Les illusions du théâtre ont un charme qui nous console de nos peines, ou qui nous les fait au moins oublier pendant quelques instans.

Les drames comiques nous réjouissent et suspendent nos chagrins. Les pièces tragiques, en nous intéressant vivement pour des personnages souvent imaginaires, au comble de l'infortune, quoique occupant des places éminentes, contribuent à nous faire trouver moins malheureux.

Il faut avouer que les poétes dramatiques sont de grands enchanteurs.

Ils mettent en action des personnages réels ou factices, les font agir et passer en revue comme dans un tableau mouvant, et prêtent à ces personnages les expressions fidelles de la vérité.

Les yeux ne sont pas seulement trompés, le cœur l'est aussi ; dupes de cette double illusion, nous nous attendrissons au récit de maux qui n'ont jamais existé, nous mêlons nos larmes avec celles des héros fantastiques évoqués par le génie ; et nous sommes forcés de rire, au gré de la Muse comique.

Sans doute que les hommes d'esprit et du plus rare mérite, qui font naître parmi nous de pareils prodiges, et remplissent nos cœurs de sensations délicieuses, jouissent de tous les avantages, de toutes les distinctions qu'une nation éclairée doit accorder aux talens distingués ?

Les

Les peuples de l'Europe ont la plus grande estime pour leurs meilleurs poétes dramatiques. Ils les sifflent assez souvent ; mais ils les en dédommagent quelquefois par des acclamations et des couronnes de laurier.

On est généralement si enchanté des représentations théâtrales, qu'on a coutume de dire, qu'il faut avoir beaucoup d'esprit pour faire une mauvaise comédie, ou une tragédie pitoyable.

Que doit-on penser de celles qui sont bonnes ? Le génie seul est capable de les écrire avec une plume immortelle comme le temps.

Il est étonnant combien d'autorités constituées, dans Paris, ont leurs entrées gratuites dans tous les spectacles, et ont encore le droit de donner journellement des billets à leurs agens et commis. Le directoire

K

exécutif jouit d'abord de cette prérogative ; ensuite le ministre de l'intérieur, comme ayant dans ses attributions les arts, les sciences, les
belles-lettres. Le ministre de la police
est investi des mêmes avantages,
comme chargé de la surveillance des
théâtres et des pièces dramatiques.
Le bureau central s'est attribué des
droits pareils, on ne sait pourquoi,
hormis que ce ne soit comme dou-
blant ou surchargeant en cette partie, les fonctions du ministre de la
police. Ajoutez à toutes ces entrées
gratis les états-majors, les adjudans,
les commissaires de police, les juges
et officiers de paix, les municipaux,
les espions en tous genres, les
observateurs ou inspecteurs de police, etc. etc. etc.

Sans doute, on fera disparaître
quelque jour un abus aussi onéreux
pour les entrepreneurs de spectacle,

et qui est monté à un tel excès , que s'il arrivait que tous les privilégiés et les *gratis* eussent la fantaisie de se porter au même théâtre , la salle la plus vaste ne pourrait les contenir.

Le gouvernement français , en s'érigeant en république , a trop négligé de tirer parti des représentations théâtrales , si propres à enflammer le peuple pour la liberté , ou à empêcher ce feu sacré de s'éteindre dans les cœurs.

Les entrepreneurs de spectacle ont été laissés maîtres du choix des pièces qu'ils voulaient faire représenter. Ils n'ont admis que celles qui pouvaient flatter les passions , et corrompre de plus-en-plus les mœurs de la multitude , malheureusement si peu éclairée.

Il n'est que trop vrai que la plupart des acteurs qui brillent sur les nombreux théâtres de Paris , et qui,

K 2

sans la révolution, seraient exclus
du centre des lumières et des talens,
sont ennemis du régime républicain,
sans lequel ils se verraient confondus; en province, dans la foule des
artistes médiocres.

Quelle est la cause de cette haîne
secrette qu'ils ont jurée à la révolution, seule cause de leur gloire ?
Elle est occasionnée par un sordide
intérêt, la liberté ayant infiniment
multiplié les théâtres, et des circonstances fâcheuses ayant diminué les
émolumens attachés à la profession
de comédien.

Il est absolument nécessaire que
les gouvernans d'une république,
obligent les entrepreneurs et directeurs de ses spectacles à faire jouer,
deux ou trois fois par an, quelques
pièces patriotiques, pour lesquelles
il sera accordé une certaine somme,
dont les auteurs de ces pièces touche-

ront la moitié , comme gratification nationale.

Par une des cent millièmes contradictions de l'esprit humain , les poétes dramatiques estimés et si dignes de l'être , ne peuvent faire représenter aucun de leurs chef-d'œuvres sans l'agrément des comédiens.

C'est-à-dire qu'ils sont subordonnés aux artistes chargés de réciter les pièces , et d'y mettre , si l'on veut , la chaleur de l'action.

N'est-il pas étonnant que l'orgueil du comédien s'arroge le droit de juger les productions du génie , tandis qu'une assemblée composée d'hommes éclairés , de poétes célèbres , pourrait se tromper dans cet examen ?

L'académie française ne se couvrit-elle pas de ridicules par ses observations sur le *Cid* , et en déclarant que

K 3

ce chef-d'œuvre de Corneille n'est qu'un mauvais poème?

Les comédiens peuvent se connaître en situations théâtrales, en mouvemens pantomimes, en récits trop longs ; peut-être sont-ils à même d'apprécier les beautés ou les défauts d'un rôle : en est-ce assez pour qu'ils s'érigent en juges des auteurs ?

N'est-il pas vrai que sans le poéte dramatique, les comédiens deviendraient absolument inutiles sur la scène, hormis qu'ils ne voulussent se borner qu'à l'action des gestes, talent du pantomime ?

N'est-il pas vrai encore que le poéte pourrait déclamer son ouvrage, avec la chaleur et l'âme nécessaires, sans l'intervention du comédien ?

Ce dernier est donc, dans tous les cas, subordonné au poéte ; et il est aussi absurde qu'injuste qu'il s'arroge la prééminence sur lui, en dé-

cidant du mérite de ses drames, en
ne leur accordant les honneurs de la
représentation que sous son bon
plaisir, ou en les condamnant à un
oubli éternel?

Quelle est la cause de cette étrange
inconvenance ? C'est que tous les
comédiens se sont établis en société,
qu'ils ont fait tous les frais des représentations, afin d'en partager
entre eux les bénéfices, et qu'ils
sont convenus de payer les honoraires des auteurs dramatiques.

Voilà une nouvelle preuve que
ceux qui ont l'argent font toujours
la loi à ceux qui le reçoivent.

Les magistrats des villes auraient
dû s'opposer à cet arrangement honteux pour les auteurs, et, en défenseurs des propriétés et des œuvres
du génie, se réserver le droit de pré-
lever eux-mêmes, sur la recette, la
part du compositeur du poème.

K 4

L'origine, en France, de cet abus révoltant, date du temps où les premiers gentilshommes de la chambre du roi étaient les directeurs nés des comédiens de la cour. Qu'importait. à ces personnages titrés et ignorans, que le génie fût aux gages de ses inférieurs, pourvu que les acteurs eussent des pièces nouvelles à jouer, et que les actrices fussent jolies, douces et complaisantes ?

On s'imaginait que l'intérêt obligerait les comédiens à se procurer de bons ouvrages, et à sentir les égards qu'ils devaient aux auteurs.

L'expérience n'a que trop prouvé combien l'on se faisait illusion.

Le poéte dramatique s'est vu en butte à l'orgueil hautain, au mépris d'artistes ingrats, qu'il fait vivre avec splendeur, et dont il crée les talens.

On a eu raison de dire que Molière n'aurait pas fait jouer tous ses ouvrages immortels, s'ils n'avait eu l'avantage d'être comédien.

On se rappellera toujours l'insolence de cet acteur (Dufresne), à qui Destouches avait remis le *Glorieux*, afin qu'il l'examinât ; ce censeur, ce juge si déplacé jeta le chef-d'œuvre sur le ciel de son lit, où il resta pendant une année ; il y aurait été la proie des vers, si un heureux hasard ne l'en avait fait tomber un matin ; un ami de l'acteur en lut quelques scènes, et fit rougir le dédaigneux artiste de son procédé.

Voilà comme les comédiens traitent les auteurs ; voilà comme ils apprécient souvent les poèmes qu'on leur présente.

Ceci n'est point écrit dans l'intention de critiquer avec amertume les artistes dramatiques ; ce ne sont que des observations générales sur les in-

K 5

convéniens d'un abus qui a subsisté trop long-temps, au préjudice du plus bel art qu'ait perfectionné l'esprit humain.

Il est quelques acteurs à qui nous nous ferons toujours un devoir de rendre justice, en déclarant hautement qu'ils joignent aux talens distingués de leur profession, la connaissance approfondie des lettres, et un goût pur et délicat.

Mais l'artiste dramatique éclairé et modeste, est d'autant plus rare, qu'il est gâté chaque jour par les applaudissemens du public, et que, pour peu qu'il excelle dans son emploi, il est naturel qu'il se croie un Rocius, un Lekain, un Larive, un Molé, un Préville, un Monvel, et qu'il regarde en pitié tous les talens qui l'environnent.

Ne doutons pas que les Poétes dramatiques ne soient tirés un jour d'une dépendance si humiliante, et qu'on ne suive enfin l'antique exemple des magistrats d'Athènes, qui décidaient quelle pièce aurait l'honneur d'être représentée devant le peuple, et qui décernaient les récompenses qu'avaient méritées les auteurs.

Qu'ont-ils gagné en France dans la suppression d'une infinité d'abus ? On a reconnu le droit de l'homme à parler et à écrire ; l'expression de la pensée est aussi libre que l'air qu'on respire, ou du moins devrait l'être ; chaque citoyen est rentré dans les prérogatives naturelles dont l'avait privé la force ou l'injustice : et le poéte dramatique est toujours dans la dépendance du comédien, ou d'un entrepreneur de spectacle !

L'homme de génie, qui ne devrait être arrêté par aucun obstacle, ne jouit même pas de la liberté de mettre au théâtre une pièce nouvelle.

Nous ne voulons point parler de la censure qu'exerce la police sur ces sortes d'ouvrages. Une telle tyrannie n'a rien d'étonnant dans les états despotiques; et il est à présumer qu'elle ne doit pas toujours exister dans les républiques où elle a lieu.

N'est-il pas convenable et juste qu'un auteur déjà connu par des écrits estimés, ait le droit de faire représenter un poème dramatique, *à ses risques et périls*, sans être obligé de le soumettre à l'examen des comédiens, ni à aucune sorte de censure ?

Quand les artistes qui brillent sur la scène, et leurs charmantes compagnes, plus instruites des modes du jour, que des règles des pièces de théâtres, cesseront de former un tribunal littéraire ou dramatique, on aura un ridicule de moins à leur

reprocher, et un hommage de plus
à rendre à leurs talens et à leur modestie.

En attendant cette réforme, utile
pour tout le monde, invitons les acteurs de Paris, ou les entrepreneurs
de spectacle, à ne plus commencer
les représentations théâtrales à sept
heures du soir, sous prétexte que
l'on dîne tard actuellement. Une petite partie du public a seule dérangé
si prodigieusement les heures des
repas.

Tout le monde aurait lieu d'être
satisfait, si les jeux scéniques, dans
toutes les saisons, commençaient à
six heures précises, et se terminaient
à neuf heures.

Le bon ordre et la sûreté des citoyens sont intéressés, peut-être
plus qu'on ne le pense, à la mesure
que nous proposons.

Que des comédiens, ou les spécu-

dateurs qui les soudoient, ne consul-
-tant que leur commodité et leur
avantage personnel, fassent finir à
heure indue les représentations théâ-
-trales, sans s'inquiéter des suites;
cela ne doit pas beaucoup nous étonner : mais que la police ait souffert
et tolère encore que des mères de famille, que des jeunes personnes sortent à onze heures et demie du spectacle, au risque d'être insultées et
dépouillées dans les rues, c'est ce
qui doit surprendre et indigner.

Ne semblerait-il pas que la police
veuille favoriser les voleurs et les as-
-sassins, en mettant des citoyens pai-
-sibles dans le cas de se trouver isolés
dans les rues au milieu de la nuit?

Avertissons aussi les artistes dramatiques de notre premier théâtre
(celui de la République), et ceux
de l'Opéra *national*, rue Favart,
que le prix des places au parquet est

beaucoup trop cher. Il n'en coûte guères plus au théâtre des Arts, ci-devant l'Académie *royale* de musique ; et ce genre de spectacle, comme on sait, exige des frais énormes ; il lui faut un orchestre nombreux, des décorations superbes et variées, des choristes des deux sexes, costumés richement ou avec élégance ; et il lui faut les plus célèbres danseurs de l'Europe.

On n'a pas besoin de tous ces brillans accessoires au théâtre français de la République, ni à celui de la rue Favart. Le premier, sur-tout, est le spectacle de l'esprit et du sentiment ; il offre la réunion des acteurs du premier mérite ; il n'a que faire d'ornemens étrangers pour émouvoir fortement le cœur ; il lui suffit de la peinture des mœurs et du langage des passions.

Au-lieu que l'opéra proprement

dit, doit frapper tous les sens pour ébranler notre âme. C'est un palais magique, où tous les arts rassemblés s'efforcent de nous attacher et de nous séduire par des prestiges enchanteurs.

Les artistes célèbres du principal théâtre de *déclamation*, agissent contre leur intérêt, en taxant à trop haut prix les places de leur parquet, destiné aux citoyens peu aisés, qu'une sage économie met à même de se procurer quelque délassement. Ces citoyens estimables sont contraints de se priver d'un amusement qu'on veut leur faire payer trop cher. La solitude règne où l'on devrait voir l'affluence, et un silence décourageant avertit l'artiste déconcerté de l'absence forcée des amateurs éclairés.

Les acteurs du théâtre de la République se livreraient aux illusions d'un amour-propre excessif , même funeste à la considération dont ils sont dignes de jouir , ainsi qù'à l'art théâtral , s'ils doutaient encore que les temps sont passés , et ne reviendront peut-être jamais, où ils acquéraient , par l'excellence de leurs talens , un revenu annuel de vingt à trente mille francs.

Songez que vous n'avez plus les abonnemens lucratifs des petites loges à l'année , dont vous ne teniez point compte aux auteurs , en leur payant leurs honoraires, tandis qu'ils étaient contraints de vous rembourser exactement de tous les frais.

Le régime sous lequel nous vivons a détruit les grandes fortunes , qui mettaient trop d'inégalité entre les citoyens.

Un artiste dramatique ne pourrat-il pas vivre honorablement avec huit ou dix mille francs par année ?

Jadis la vertu et le mérite allaient à pied ; il en est de même aujourd'hui : mais ils auront pour compagnons les plus sublimes talens.

CHAPITRE XIX.

Des Académies, et de l'Institut national des Sciences et des Arts.

LES rois ont fondé les académies pour accorder, en apparence, un asile honorable aux savans, aux littérateurs, aux poétes célèbres, qu'ils comblent de grâces et de pensions.

Ces avantages éblouissans ne sont qu'un piège, afin d'enchaîner avec des liens dorés l'éloquence et le mérite, et s'assurer qu'ils n'écriront ou ne parleront jamais qu'en faveur des préjugés politiques et sacrés.

Les despotes et les prêtres, épouvantés du progrès des lumières, voyant qu'ils ne pouvaient les arrêter ni par la contrainte, ni par la terreur, imaginèrent un moyen qu'ils crurent plus infaillible : la séduction, la richesse, et les honneurs.

Une preuve que les rois ont des vues secrettes sur les académies, leur ouvrage, c'est qu'ils s'en déclarent les protecteurs, et qu'ils leur donnent le titre de *royales*, déplacé et ridicule à côté de littéraire. Une littérature *royale !* imaginez ce que c'est.

On dit encore, avec une emphase puérile : des sciences *royales*.

On ne peut-être admis dans ces sociétés éclairées, *et monarchiques*, qu'après avoir obtenu l'agrément du prince.

Il est inutile d'avertir nos lecteurs que tel poéte s'élevant au-dessus de ses rivaux, que tel écrivain portant le flambeau de la philosophie dans la nuit des erreurs humaines, n'était pas trouvé digne, en France, d'avoir des académiciens pour confrères.

Molière et l'immortel philosophe

de Genève ne furent point de l'académie française. Le meilleur de nos
poétes lyriques, Jean-Baptiste Rousseau, eut la même destinée.

L'homme, célèbre ou non, protégé
par la cour, qui se proposait d'entrer
dans ce corps illustre, était obligé
de se présenter chez chacun de ses
collègues futurs, afin de solliciter
humblement son suffrage.

Cet usage fut sans doute imaginé
pour commencer à plier à la dépendance le génie académique.

Tous les écrivains ne peuvent pas
se prêter à cette sujettion, soit par
orgueil, soit par modestie ; et il en
est qui ont peine à concevoir qu'il
faille aller solliciter la justice qui
leur est due, ou s'exposer à être rejeté au scrutin.

Il est beaucoup plus honorable
pour tel homme-de-lettres, qu'on
demande pourquoi il n'est point de

telle académie , que si l'on deman-
dait pourquoi il en est membre.

Un grand nombre d'écrivains sont
illustrés par les sociétés où ils sont
admis ; et il en est quelques-uns qui
honorent infiniment celles qui les
reçoivent.

Malgré leurs hautes prétentions,
les sociétés littéraires et *royales*, depuis leur établissement, n'ont encore
rien produit d'avantageux.

Celles des sciences seules ont paru
de quelque utilité ; encore leurs
membres, s'ils eussent été isolés, auraient publié des mémoires aussi intéressans, aussi instructifs, que ceux
qu'ils ont mis au jour.

De quelle découverte est-on redevable à une académie des sciences ?

On a observé, comme une chose
fort singulière, que la plupart des
prix proposés par les académies, sont
remportés par des gens inconnus,

[...] on [...] contenue par [...]er, et [...] aussitôt dans l'obscurité [...] ils sont sortis un instant. [...]ssemblent à ces insectes qui brillent quelques heures dans une nuit d'été.

L'académie française, depuis cent cinquante ans, s'occupait d'un dictionnaire de la langue, et s'appesantissait sur des mots, lorsqu'arriva la révolution de 1789, qui força les beaux-esprits, comme le reste des citoyens, à s'occuper un peu plus des choses que des mots.

A cette époque, les illusions et les vanités académiques disparurent ; tel auteur, l'oracle de la ville et de la cour, ne fut plus qu'un homme ordinaire.

Il y avait alors la féodalité de l'esprit, comme celle des titres.

Après que la France eut été érigée

en république , l'homme-de-lettres ,
le poète , le savant, le peintre, le scul-
pteur , pouvaient , au sein de leur
famille , dans une paisible retraite ,
se livrer à la composition d'ouvrages
immortels , et jouir de la considération de leurs contemporains. Mais les
gens de mérite ont leur faiblesse ;
ainsi que la foule vulgaire. Il leur
fallut des académies, afin de paraître
n'avoir point d'égaux en talens.

Les savans et les littérateurs croient
encore moins à l'égalité , même à
mérite égal, que les nobles et autres
castes privilégiées.

L'amour-propre et l'orgueil exis-
tent principalement dans l'homme
qui se sent quelque supériorité au-
dessus de ses semblables ; ils maî-
trisent , ils aveuglent toutes les facultés de l'artiste ordinaire, du bel-
esprit, du poète médiocre.

Tel fut l'origine de notre institut
national

national des sciences et des arts (1).

Aimerait-on mieux l'attribuer à la politique du nouveau gouvernement, qui suivant, à cet égard, les principes de l'ancien régime, en paraissant les proscrire, veut s'assujettir, par cette fondation, les arts, les sciences et les lettres, ainsi qu'il tient sous sa dépendance, par le droit des nominations, la force militaire, les municipaux, les juges?

Cette politique serait superflue : dans un état republicain, les esprits se portent naturellement à peindre les avantages de la liberté, à s'élever contre le fanatisme; et les grands artistes, et les bons écrivains, ou se croyant tels, sont trop avides de

_____

(1) « Ne sois d'aucune association savante : les sages mêmes, quand ils font » corps, deviennent peuples. » (*Lois de Pythagore.*)

L

louanges ou de récompenses, pour avoir besoin d'autre stimulant que leur propre intérêt.

Notre institut national, chargé spécialement d'encourager les sciences, les arts, les lettres, la poésie, en leur délivrant des prix, est sans doute fondé pour franchir l'espace des siècles, et arriver, brillant de gloire, à l'époque où, de tous les partis qui ont déchiré la France, il ne restera que le républicanisme, les amis de l'ordre et de la paix.

De quelle utilité serait-il alors, si, en l'établissant, le gouvernement (1) n'avait eu en vue, que de lui faire

(1) Par *gouvernement*, en général, nous entendons, et l'on ne peut entendre dans une république, que la réunion des autorités législative et exécutive. Quand nous ne généralisons point le mot *gouvernement*, nous l'appliquons à l'autorité qui fait les lois.

combattre le royalisme et la superstition ?

Nos législateurs, dira-t-on peut-être, se sont proposés de réunir toutes les lumières dans un seul foyer, afin qu'elles eussent plus d'éclat et plus de force.

Nous répondrons à cette idée physique, par une autre du même genre : les rayons du soleil, pour être vraiment utiles, ne doivent point être rassemblés au centre d'un miroir ardent; ils brûlent alors et portent partout l'incendie ; c'est en répandant de toutes parts une douce chaleur, que l'astre du jour ranime et vivifie la nature.

Ce que nous disons ici ne saurait convenir à l'institut littéraire et des sciences que les Français vainqueurs ont établi en Egypte, pays où les arts et les lettres prirent autrefois naissance.

L 2

L'académie qui fleurit maintenant sur les bords du Nil, est destinée à reporter la lumière au milieu d'une nation devenue barbare sous la domination des Turcs.

C'est chez un peuple qui a besoin d'être instruit et policé, qu'une colonie de littérateurs et de savans est un trésor vraiment précieux.

Il n'en est pas de même dans un pays où règnent les arts et la corruption des mœurs : vos académiciens ne seront guères que d'orgueilleux beaux-esprits, ou des poétes maniérés et sans naturel, et le plus grand nombre de vos savans ne s'occupera que de frivolités, ou de questions oiseuses.

Que ne pouvons-nous fixer l'attention de nos lecteurs sur la gloire dont se couvrira l'institut d'Egypte, s'il existe long-temps dans ces contrées ! Mais une foule d'abus et de préjugés ramène nos regards en Europe.

Les académies y auraient un but aussi utile qu'honorable, si elles étaient les protectrices des gens-de-lettres opprimés ou dans l'infortune.

Mais loin de venir au secours des savans ou des auteurs qui ne sont point de leur corps, elles les dédaignent et les méprisent.

La république des lettres est aussi agitée, aussi divisée entre ses membres, que la plupart des républiques et des royaumes de l'Europe.

Formé sur de meilleurs principes que les académies, l'institut national est-il l'appui des artistes et des écrivains étrangers à son corps, et autorisés à recourir à lui dans des circonstances fâcheuses? Défend-il les droits et la liberté de la presse?

Non, il ne s'occupe que de ses intérêts particuliers. L'homme-de-lettres, seul, isolé, est comme perdu

L 3

dans l'immensité du monde ; il n'a de consolation que dans son propre courage et dans son énergie.

Les prix à décerner chaque année, paraîtront, à plusieurs personnes, un motif suffisant pour avoir fondé, en France, l'institut national des sciences et des arts.

Ce que nous avons dit plus haut, joint aux réflexions du lecteur judicieux, ne laisse aucun doute sur l'inutilité des prix et des couronnes académiques.

Ou les jurys nommés pour examiner les productions des arts et certains écrits des littérateurs, sont absolument inutiles, ou l'institut national lui-même est un établissement superflu.

Ne renferme-t-il dans son sein que l'élite des gens éclairés et à talens ? C'est quelque chose pour les personnes qui aiment à voir d'un coup-d'œil tous les hommes de mérite d'une nation.

Trouve-t-on dans l'institut des noms obscurs, de ces gens que l'on n'a vu nulle part, et dont on n'entendit jamais parler ? Les ignares favoris de la fortune, les possesseurs stupides de places éminentes y sont-ils admis, comme ils l'étaient dans les anciennes académies ? Alors il perd infiniment de sa considération ; et il semble vouloir induire en erreur ceux qui ne jugent du mérite et de la science qu'en lisant des listes d'académiciens.

L'institut national est composé de parties hétérogènes. L'esprit de nouveauté ou d'innovation y a fait admettre des littérateurs, des géomètres, des peintres, des beaux-esprits, des astronomes, des poétes, des sculpteurs, des musiciens ou compositeurs de musique, des grammai-

L 4

riens, des architectes, des physiciens, des moralistes, des athées,
des dévots.

C'est l'amalgame le plus étrange
qu'ait jamais conçu l'imagination en
délire.

Des dévots dans une académie républicaine ! s'écrieront peut-être
quelques-uns de nos lecteurs. Il n'y
en avait, grâce à l'hypocrisie, que
dans les académies *royales*.

Jadis on jouait le rôle d'incré-
dule, afin de se distinguer du vulgaire : aujourd'hui nos écrivains
philosophes ont adopté une autre
manière de fixer sur eux l'attention
du public; ils feignent d'être dévots;
ils se montrent grands prosélytes des
miracles.

Sans adopter leur manie *politique*,
nous dirons que nous sommes en
effet témoins d'un grand miracle :
Nous voyons des gens qui se don-

naient pour bons chrétiens se mo-
quer tout-à-coup de la messe, et ne
plus croire en Dieu : nous voyons de
fameux athées changer de langage,
prier chaque jour les saints du paradis, et se faire un pieux devoir
d'aller à confesse !

Les arts, les lettres et les sciences
sont frères et sœurs : mais, quoique
d'une même famille, souvent les
proches sont désunis, et ne peuvent
sympathiser entre eux.

Si quelqu'un doutait de cette vérité, qu'il jette les yeux sur notre
académie républicaine.

L'institut, tel qu'il est de nos
jours, ressemble à un corps composé de mille pieds, et qui n'aurait
point de tête.

On pourrait encore le comparer
au chaos, dans lequel nage pêle-
mêle les élémens des sciences, des
lettres, des arts et de l'ignorance.

L 5

Il a englouti toutes les académies qui sommeillaient paisiblement dans Paris, et s'est fait de leurs différens membres un corps monstrueux, d'une grosseur énorme, mais dont l'embonpoint n'est qu'une dangereuse hydropisie.

Quand vous assistez à une de ses séances publiques, vous contemplez avec admiration cent quarante-quatre membres, que vous prenez pour autant de génies sublimes ; mais le profond respect que leur vue vous inspire se changerait bientôt en un autre sentiment, si vous faisiez réflexion que vous n'avez sous les yeux qu'une partie des membres des académies qui existaient autrefois dans Paris, joints à quelques écrivains justement célèbres, et qu'un rassemblement, presque fait au hasard, de personnages moins connus.

Il doit résulter, de cette réunion

bizarre, des effets tout-à-fait plai-
sans. Le peintre écoute en bâillant
l'homme-de-lettres ; celui-ci a l'air
de prêter une oreille attentive aux
démonstrations du mathématicien,
qui s'endort à la lecture d'une tragédie ; le musicien paraît faire quelqu'attention aux savantes recherches
du naturaliste ; l'architecte est obligé
de donner son avis sur une épigramme
ou sur une ode ; tandis que l'astro-
nôme entend une chanson.

Tous ces illustres endormis et
endormeurs se dédommagent et se
vengent dans leurs assemblées publiques ; ils ennuient une partie de
leur auditoire, étranger néanmoins
à leurs querelles intestines, au sentiment léthargique dont ils se péné-
trent mutuellement. L'homme fri-
vole et la petite-maîtresse sont tout
étonnés d'entendre des calculs algé-
briques, des dissertations lourdes et

froides sur un vieux livre rongé des
vers, n'offrant nul intérêt; et sur la
nature du charbon, ou de l'âme in-
créée, ou sur les astres et les étoiles
fixes.

Ces objets pourraient être intéressans dans des séances consacrées
aux sciences; il ne s'y trouvent que
des auditeurs accoutumés à ce genre
d'étude.

L'institut national a-t-il lieu de se
glorifier de la foule qui se trouve à
ses assemblées publiques? En habile
politique, ou en charlatan rusé si
l'on veut, il y attire toutes les personnes qui se sont partagées le goût
et l'étude des arts, des lettres et des
sciences. C'est un moyen neuf et infaillible pour se procurer un grand
concours d'amateurs, et paraître
jouir d'une extrême considération.

Nous ne craignons pas d'être faux
prophètes, en annonçant qu'un jour

viendra, et ce temps n'est peut-être
pas bien éloigné, où les savans, les
mécaniciens, les orateurs, les artistes,
les poètes, si bizarrement entassés à
l'institut, se diviseront pour former
des sociétés particulières, réunies
seulement entre elles par les liens
d'une estime réciproque.

Chaque science, chaque talent serait alors à sa place ; et les bruyans
bravo prodigués aux jeunes artistes
qui remportent les prix de peinture,
d'architecture, etc, ne viendraient
pas troubler les Muses studieuses
dans leur sanctuaire.

En attendant cette réforme, ame-
née par la raison ou même par les
lumières du bon sens, de jeunes littérateurs, des poétes encore dans
l'adolescence, désirant aussi être re-
marqués du public, et tout aussi
orgueilleux que leurs confrères plus
illustres, se sont cottisés entre eux,

et moyennant une somme modique par mois, forment des académies décorées d'une infinité de noms pompeux.

Ils ont des séances publiques, des lectures de vers, de prose, et des applaudissemens qui leur prouvent, comme ailleurs, qu'ils sont de grands hommes.

Le régime républicain a détruit en France les sociétés littéraires, royales et aristocratiques ; et l'amour-propre en rétablit aussi-tôt de nouvelles, qui ne sont favorables, il est vrai, qu'au despotisme de l'esprit.

Ces jeunes académiciens, plus d'accord entre eux que ne l'étaient leurs anciens confrères, ne manquent pas de se louer les uns les autres dans différens écrits, et de trouver pitoyable tout ce qu'ils n'ont pas composé.

On est membre d'un lycée ou d'une

académie, pour son argent, à tant par mois; ce qui est bien agréable pour certains personnages doués d'une forte dose d'amour-propre.

Dans ces sociétés *libres* on ne connaît point l'aristocratie des places; on n'y accueille que l'aristocratie de l'argent; et la somme est proportionnée au degré de considération que ces nouvelles académies procurent.

Ce qu'il y a de plus singulier dans tout ceci, c'est le procédé d'un ministre de l'intérieur, qui voulant inviter tous les gens-de-lettres à une fête nationale, s'avisa d'envoyer des billets à ces membres inconnus, adressés aux présidens de chacune de ces sociétés; et dédaigna d'appeler à cette fête solemnelle des écrivains et des poétes moins obscurs, dont il ne pouvait ignorer le domicile.

55555

Nouvelle preuve que le titre d'aca-
démicien en impose toujours, de
quelque manière qu'il soit acquis.

Nous nous sommes peut-être trop
arrêtés, à la fin de ce chapitre, sur
des objets qui ne sont point d'un intérêt général. Il est temps de mériter
davantage l'attention de nos lecteurs.

CHAPITRE XX.

Les Journalistes.

Disons un mot d'une puissance littéraire et politique, qui ne peut exister, dans toute la plénitude de ses pouvoirs, que dans un état républicain, ou dans une monarchie mixte, comme en Angleterre. Nous voulons parler des journalistes.

Quoiqu'ils ne soient point une autorité constituée, ils ont des attributions qu'on n'oserait leur disputer; ils évoquent à leur tribunal le peuple et ses chefs constitutionnels, les généraux, et même les législateurs, les coupables heureux, le vice enrichi, les différens partis qui divisent l'empire, les rois, les ministres, les sots, les savans, les artistes, les auteurs.

Ils exercent, sur-tout à l'égard de ces derniers, une censure arbitraire, et prononcent définitivement sur le mérite ou les défauts de tous les ouvrages.

Il est vrai que les décisions des journalistes n'ont force de loi, qu'autant que l'on veut bien reconnaître leur compétence.

Ceux que ménagent le moins les traits de leur critique, motivée ou injuste, sont peu disposés à adopter leurs arrêts.

Ces aristarques, qui veulent faire trembler les chefs des nations et les écrivains, ne sont jamais d'accord entre eux, ils diffèrent toujours dans leurs avis. L'un blâme ce que l'autre approuve; celui-là dit oui, celui-ci dit non. La vérité, sous leur plume, prend toutes sortes de formes; ils habillent souvent le mensonge des plus brillantes couleurs.

Il ne serait pas étonnant que tel
journaliste se crût profond politique,
après n'avoir lu toute sa vie que des
gazettes ; et que tel autre se regardât
comme un savant critique , parce
qu'il a fait des vers à Philis, ou parce
qu'il a régenté dans la poussière
d'un collége.

Ils regardent néanmoins leurs jugemens comme si peu infaillibles ,
principalement en matière de littérature et de science , que lorsqu'ils
daignent faire l'extrait d'un ouvrage
(ce qui ne leur arrive pas souvent),
ils négligent d'avoir l'attention de le
faire parvenir à l'auteur qu'il inté-
resse , ou à son libraire. Ainsi,
l'homme - de - lettres ignore presque
toujours l'éloge ou les critiques dont
il est l'objet de la part des nombreux
journalistes, quoiqu'il leur fasse passer des livres d'un prix bien supérieur
au numéro d'une feuille périodique.

Il paraîtrait que le métier de journaliste, auquel certaines personnes attachent tant d'importance, offrirait
beaucoup de difficultés, exigerait
de vastes connaissances, si dans le
nombre prodigieux de ceux qui s'en
mêlent (à Paris, par exemple), on
pouvait compter plus de cinq ou six
hommes de mérite.

Des spéculateurs se font journalistes par entreprise, comme on devient fournisseur des armées, des
hôpitaux, etc.

Les entrepreneurs de journaux ont
à leurs gages des hommes-de-lettres
ou soi-disant tels ; ils les font écrire
à tant par mois, comme des commis
dans un bureau.

La grande puissance des journalistes, en France, a directement été
établie par les premiers fonctionnaires de la république, intéressés
à la détruire.

Le corps législatif, et principalement le directoire se sont tant récriés sur l'ascendant que les journaux avaient parmi le peuple, dont ils formaient, disaient-ils, et dirigeaient l'opinion, qu'ils leur ont donné une importance qu'ils n'auraient peut-être jamais eue, ou du moins ont eu la mal-adresse de la rendre plus considérable, en réveillant, à cet égard, l'attention du public.

Il est arrivé ce qu'on avait vu sous l'ancien régime, et qu'il était si facile de prévoir : pour qu'un écrit fût extrêmement recherché, il n'y avait qu'à le représenter comme dangereux, et lui procurer l'honneur d'être brûlé par arrêt des parlemens.

Quel parti auraient dû prendre les fonctionnaires républicains, en voyant les journalistes s'élever contre eux ? Il fallait leur opposer d'autres feuilles périodiques où l'on aurait détruit les accusations injustes. Il fallait redoubler de patriotisme et de bonne conduite.

Si l'honneur de ces fonctionnaires était gravement attaqué par la calomnie, dans une feuille publique, un appel aux tribunaux, au nom de la loi, vengeait suffisamment l'innocence et la vertu.

Loin de suivre ces sages mesures, nous avons vu le directoire exécutif et quelques législateurs s'efforcer d'enlever aux journalistes la liberté de la presse et la faculté d'énoncer leurs opinions, accordées à tous les citoyens par l'acte constitutionnel (1).

---

(1) Il y a deux mille ans et plus que le sage Pythagore avait dit : « Que la loi donne » action contre les actions seulement. Elle » ne doit point connaitre ni des paroles, ni

Se confiant aveuglément à cette loi solemnelle , des journalistes , peut-être trop imprudens , se sont exprimés avec hardiesse sur tout ce qui leur a paru de nature à donner de la célébrité à leurs feuilles. Aussitôt une troupe de soldats se transporte à leurs domiciles , y brise les presses, jette les caractères d'imprimerie par les fenêtres , et commet autant de ravages que si elle était en pays ennemi. Après cette expédition militaire , on se saisit des infortunés qu'on veut punir , malgré la sauvegarde qui les mettait à couvert, et ils sont déportés à Cayenne , séjour

---

» des écrits , pas plus que de la pensée. » (*Lois de Pythagore.*) « Législateur, ajoute-» t-il , restreints la liberté de tout faire , et » non celle de tout dire. Magistrat! gardes-» toi d'enchaîner la pensée ! Qu'importe » au génie qu'il ait des ailes , s'il a les fers » aux pieds ? »

pestilentiel, où la mort ne tarde pas à mettre fin à leurs supplices.

Avant de les accabler d'un châtiment aussi affreux, n'était-il pas de la justice et de l'humanité, de les prévenir qu'ils avaient donné trop d'extension à la loi concernant la liberté de la presse, et que s'ils récidivaient, un exil rigoureux les punirait de leur obstination.

Dans un gouvernement bien organisé, il n'y a point de loi rétroactive; la justice ne frappe que sur des délits précédemment connus pour tels, et d'après des principes solemnellement proclamés. Hier, en vertu d'une loi regardée comme sacrée, j'étais libre de manifester mon opinion: comment se fait-il qu'aujourd'hui je passe pour coupable, en suivant cette même loi, que vous n'avez point abrogée ?

Si l'intérêt public forçait impérieusement

rieusement de sévir contre un journaliste qui se croyait libre , devait-
on envelopper dans la même pros-
cription , et le propriétaire et le rédacteur et l'imprimeur ? Il ne restait
plus qu'à y comprendre aussi et les
abonnés et les lecteurs.

Eu égard au nombre de feuilles
périodiques qu'on voulait condamner , un seul coupable devait suffire
pour chacune d'elles , et ce ne pouvait être ou que l'écrivain ou que le
propriétaire ; l'un s'il avait outre-
passé les intentions de celui qui le
mettait en œuvre ; l'autre s'il avait
exigé des déclamations trop fortes ou
dangereuses.

Celui qui signe au bas d'un jour-
nal comme rédacteur , n'est souvent
qu'un prête-nom , un premier commis , qui n'a pas plus de part aux
méchancetés journalières contenues
dans la feuille, que n'en a aux opé-

M

rations des armées un simple employé dans les bureaux de la guerre.

L'imprimeur est un citoyen qui, en vertu de la loi, croit avoir le droit de mettre sous presse tout ce qu'on lui présente, pourvu qu'il y voie une signature. Il n'est le censeur d'aucun écrit; et s'il s'avisait de faire des observations politiques, d'exiger des changemens, des suppressions de phrases, sous prétexte de ménager les fonctionnaires publics, l'auteur ne serait-il pas autorisé à lui faire sentir l'incompétence de pareilles décisions?

A-t-on fait ces distinctions commandées par une sévère justice? Si l'on s'en est dispensé, le remords déchirant vengera à jamais l'innocence sacrifiée.

Toutes ces horreurs n'auraient point été commises, des pères de famille vivraient encore pour le bonheur de leurs enfans, si, aux yeux des premiers fonctionnaires de la république, les journaux n'eussent été un objet d'épouvante.

Ces premiers fonctionnaires auraient montré des sentimens plus élevés, si, dédaignant des traits lancés de trop loin pour les atteindre, ils eussent méprisé de vaines clameurs, et se fussent enveloppés du manteau du sage.

Est-ce qu'un républicain en place ressemble au despote orgueilleux, qui frémit à la voix tonnante de la vérité, et n'aime à prêter l'oreille qu'aux louanges trompeuses et perfides ?

Quelques-uns de nos graves fonctionnaires se plaignirent au corps législatif, de l'audace de certains journalistes, qui répandaient des nuages, dirent - ils, sur la bonne - foi des princes alliés de la république, et les indisposaient contre nous.

M 2

Qu'est-il résulté de cette dénon-
ciation ? Elle a fait rire de pitié. Les
rois amis de la France, et même
leurs ministres, ont bien autre chose
à faire qu'à lire le bavardage de nos
journaux.

Tel de nos périodistes qui fait le
plus de bruit parmi nous, est sûrement aussi inconnu à Berlin ou à
Madrid, que la plupart des membres
de notre institut national.

La vengeance n'était point encore
satisfaite, malgré le grand nombre
de déportés, et la ruine et le désespoir des familles dont elle avait été
cause. Afin d'anéantir ou de rendre
presque nuls les journaux qu'elle
n'avait pu atteindre, elle vint demander aux législateurs, que ces
feuilles fussent soumises à un droit
du timbre, sous prétexte d'augmenter les finances de l'état.

Cette imposition fut décrétée,

malgré les plus sages représentations.
Elle augmente d'un tiers le prix des
feuilles périodiques ; elle prive la
poste aux lettres d'un bénéfice jour-
nalier et considérable, et force la
partie du peuple la plus pauvre et la
moins éclairée, à renoncer à une
lecture qui lui fut extrêmement utile.
Cette classe intéressante de citoyens
est exposée à croire tous les faux
rapports des malveillans ; elle n'ap-
prend nos victoires que par le bruit
du canon.

Concluons de ce que nous venons
de dire, que tous les citoyens français devant jouir de la liberté de
penser, d'écrire et d'imprimer leurs
opinions, on ne peut sans injustice
en priver les journalistes, qui ne sont
redoutables à l'homme en place que
lorsqu'il daigne les craindre.

Le journaliste fait son métier,
quand il poursuit les déprédateurs,

les mauvais magistrats, et quand il
rapporte de fausses nouvelles : c'est
aux fonctionnaires publics à remplir
aussi les devoirs qui leur sont pres-
crits ; et ils n'appréhenderont ni la
satyre, ni la calomnie.

CHAPITRE XXI.

Sur la liberté sociale et politique.

ON a beaucoup écrit sur tous les genres de liberté, sans trop s'entendre; et c'est dans les pays d'esclavage, que ce sujet paraissait le plus intéressant à traiter : de même que les peuples d'Asie, brûlés par un soleil ardent, ne cessent de vanter les agrémens de la verdure, de l'ombrage, et la fraîcheur qu'on respire aux bords des ruisseaux.

Nous n'avons lu qu'une partie des dissertations faites sur ce beau sujet. Pour nous livrer aux réflexions qu'il nous inspire, nous n'irons point nous perdre dans une foule d'idées métaphysiques, il nous suffira, à-propos de la liberté sociale et politique, de consulter notre cœur.

Peut-être même que nous nous contenterons d'observer ici combien les législateurs de tous les pays du monde ont abusé du mot de *liberté.*

Ce mot semble avoir quelque chose de magique : en le prononçant, on fait espérer aux hommes qu'ils seront libres, et on les conduit à l'esclavage.

Le despote, les tyrans sont contraints de l'employer, pour faire illusion aux peuples qu'ils enchaînent.

L'homme pasteur était libre; il le fut moins en devenant agriculteur, et il acheva de perdre sa liberté, en se renfermant dans l'enceinte des villes, où l'attira un chef fourbe et politique.

Le premier ambitieux qui voulut être roi promit à ses égaux, dont il fit ses sujets, de les défendre contre les brigands, dont ils étaient oppri-

més ; ensorte que rien ne gênerait
leur liberté.

À peine les sociétés civiles étaient-
elles commencées , que les guerres
éclatèrent , pour repousser les invasions de voisins avides de s'agrandir.
Le plus faible succomba , et subit le
joug. Las d'être opprimé , il se ré-
volta , courut aux armes , et ne fit
qu'aggraver sa servitude. Ainsi l'ardent désir que l'homme avait de
rester libre , le conduisit à l'esclavage.

Les guerres qui ne cessent de déchirer l'Europe , sont une suite de cet
antique amour de la liberté , et de
l'ambition continuelle qui domine
les rois.

Croirait - on que l'établissement
des républiques a fait de nouveaux
esclaves ? Athènes et Lacédémone
voulurent envahir la Grèce entière.
Les autres petits états populaires

M 5

se détruisirent mutuellement, et le plus faible fut esclave au nom de la liberté.

Rome ne dicta des lois à l'univers que parce qu'elle s'était érigée en république.

Le peuple républicain est-il réellement libre? N'est-il pas assujetti par une partie des entraves des sociétés politiques? Ses chaînes sont plus légères, ou cachées avec plus d'art; voilà toute la différence.

Le tyran démagogue prêche la liberté, écrase ceux qu'il ne peut séduire, et établit, sous le nom de gouvernement populaire, un état convulsif, toujours en guerre avec lui-même, et se déchirant de ses propres mains (1).

_____

(1) « N'aspirez point à la chimère d'une » pure démocratie. L'égalité parfaite existe » chez les morts. » (*Loisi de Pythagore.*)

De quelle manière barbare le sénat de Venise gouvernait-il sa république ? Il avait pourtant promis la liberté aux peuples réfugiés dans les lagunes, et qui se mirent sous sa puissance *paternelle*.

Marat et Robespierre vantaient la douceur d'être libre, et égorgeaient celui qui voulait goûter les charmes de leur liberté.

« Une constitution politique qui conserverait à tous les individus l'égalité naturelle, est une vraie chimère; l'état civil repousse perpétuellement l'égalité naturelle. En vain la constitution républicaine prétend-elle confier à chaque partie une portion égale de pouvoir, sans que le pouvoir du tout soit affaibli, cette portion est visiblement inégale; et pour ceux qui ne s'arrêtent point aux dénominations, il y a une foule d'hommes qui pèsent visiblement sur les autres. » (Mercier , *l'An deux mille quatre cents quarante.*)

M 6

Dans une république bien constituée, (si la chose était possible) on verrait l'image fidelle de l'ordre qui règne dans la nature, et tous les citoyens y seraient fortunés et vertueux, sans en excepter même les gouvernans (1).

Que le mot magique *liberté* occasionne de prodiges ! Dès qu'il a frappé l'oreille d'un peuple endormi depuis des siècles dans les fers du despotisme, soudain il reprend son antique énergie, il brise ses chaînes, et dicte des lois à ceux qui osaient lui parler en maîtres.

Le régime républicain voit éclore

––––––––––––––––

(1) « La nature est une république indi
» visible, impérissable, dont tous les mem
» bres égaux agissent et réagissent les uns
» sur les autres sans confusion et sans ty
» rannie. » (*Dogmes de Pythagore.* Voyez
ses *Voyages*, par Sylvain-Maréchal, six
volumes in-8°.)

de nombreux abus, et même des crimes, ainsi que toutes les sociétés politiques. Mais on conviendra qu'il enfante aussi d'éclatantes vertus, le courage héroïque, l'amour de la patrie porté jusqu'au suprême degré, le sacrifice absolu de tout ce qui attache dans le monde, et il fait courir avec joie à la mort.

Si l'on pouvait appeler fanatisme l'amour de la liberté, il y aurait un genre de fanatisme auguste et sacré.

C'est par des lois sages qu'on peut fonder une république durable, où le peuple, tour-à-tour soldat, général, magistrat, législateur, profite de tous les avantages de son gouvernement.

Cet état représentatif ou électif ne saurait néanmoins être parfait; des intrigans, des charlatans politiques chercheront encore à tromper le peuple par le mot de liberté.

Les monarchies trouveront que leur liberté vaut encore mieux, parce qu'elle consiste à n'obéir qu'à un roi, et que la plupart des sujets sont nobles et riches.

On pourrait leur répondre que ces peuples, si heureux en apparence, ont le bonheur de ces animaux qui paissent dans de grasses prairies, et sont ensuite domptés par le frein, ou livrés au couteau du boucher.

Les prêtres du moins n'ont pas trompé l'homme en l'enchaînant sous prétexte de le rendre libre. Mais ils ont eu recours à des dogmes absurdes et gênans ; ils ont institué le mariage qu'ils ont voulu rendre indissoluble, contre le vœu de la nature. Mais ils ont rendu l'homme esclave de mille préjugés, en lui annonçant des Dieux jaloux de sa conduite et de ses hommages ; tout en l'assurant qu'il est doué d'une âme immortelle, ils ont offusqué sa raison, et abruti toutes ses facultés.

Cependant le législateur Jésus de Nazareth nous semble avoir séduit les hommes auxquels il annonçait la liberté du salut. Tous ceux qui croiraient en lui devaient avoir la liberté de combattre leurs passions et l'esprit tentateur; ils devenaient maîtres de choisir entre le paradis ou l'enfer: eh bien, malgré ses magnifiques promesses, s'il fallait écouter les prêtres, le péché règne toujours parmi les chrétiens, et la plupart d'entre eux sont damnés.

Chaque gouvernement a aussi sa liberté illusoire, et qu'il prétend valoir beaucoup mieux que celle de ses voisins. Les peuples républicains et monarchiques à - la - fois, soutiennent que leur état est le meilleur par excellence. Pour apprécier les raisons qu'ils débitent, considérez la nation anglaise, et voyez de quelle nature est son bonheur. Son parlement est vendu à la cour; les citoyens pauvres sont forcés de devenir matelots; tout est sujet à l'impôt, les hommes, les chiens, jusqu'au droit de se poudrer les cheveux et de porter une montre dans son gousset.

Ces impôts, aussi onéreux qu'extravagans, pourront être abolis quelque jour; mais les Anglais supporteront toujours beaucoup plus de charges qu'en France, parce qu'ils sont tout-à-la-fois soumis à l'autorité monarchique et à celle des lois républicaines.

C'est ainsi qu'avec le mot *liberté* on fait des hommes tout ce que l'on veut, sans qu'ils s'en apperçoivent.

Les guerriers français, remportant les victoires les plus éclatantes, ont seuls annoncé qu'ils ne regardaient

pas la liberté comme un mot, et sur-
tout quand leur courage n'avait pas
besoin d'être stimulé par l'espoir des
grades militaires.

Le philosophe de Genève nous pa-
rait avancer un paradoxe extrêmement dangereux, lorsqu'il dit, dans
le *Contrat Social :*

« La liberté n'étant pas un fruit
» de tous les climats, n'est pas à la
» portée de tous les peuples..... »

Une nation peut adopter avec
succès le régime républicain, dans
toutes les régions du monde, au Nord
comme au Midi. C'est le gouvernement qui rend un peuple efféminé,
qui le plonge dans la mollesse et lui
ôte toute énergie ; et non les peuples
qui influent sur les gouvernemens.
Le climat ne nécessite point non
plus la forme de gouvernement, ainsi
qu'il prescrit les dogmes d'une religion. La Hollande et la Suisse

ont vu fleurir leurs républiques, comme celles de l'Italie. D'ailleurs, J.J.Rousseau se contredit lui-même, en parlant d'une république qui s'est maintenue pendant plusieurs siècles au Mexique.

Disons donc que la liberté est un fruit de tous les climats, et qui mûrit par-tout où il est cultivé. Mais l'a-t-il été avec le soin qu'il exige?

L'inconstance de l'esprit humain le porte à être rarement content de l'espèce de liberté dont il jouit; il s'efforce d'améliorer son sort; il devient esclave plus qu'il ne l'était, et il croit être libre!

Dans les révolutions, combien de gens s'occupent plus de leur propre intérêt, que du bonheur de leur patrie!

Ces gens-là ont existé dans tous les siècles, et dans tous les pays. Le sage Pythagore, législateur im-

mortel d'anciennes républiques d'I-
talie, et justement surnommé *le
Divin*, avait en vue ces républicains
égoïstes, quand il disait, il y a deux
mille trois cents ans : « Ne remues
point un peuple ; crains la lie. »

CHAPITRE XXII.

Sur Paris.

Si l'on réunissait tous les livres où il est fait mention de Paris, on en formerait une bibliothèque.

Des écrivains connus ou obscurs ont attaché leurs noms à celui de Paris, ville qu'ils ont comparée à Londres, à Pékin, à Rome, à Sybaris, à l'antique Babylone ; et ils ont tous savament déraisonné.

Tandis que tel auteur, tel philosophe composait un *in-folio* sur cette grande ville, un autre la prenait pour sujet d'un petit volume, et d'une jolie miniature.

Tantôt on fait bâiller les lecteurs en dissertant sur Paris, et tantôt on les amuse par le récit des travers de ses habitans.

Les uns le peignent avec un pinceau très-flatteur ; les autres le représentent sous des couleurs peu agréables. Selon ceux-ci, le séjour en est délicieux, les talens et les vertus en redoublent les charmes ; ceux-là vous disent qu'il est la ville centrale de l'ignorance, de la sottise, de tous les maux de l'espèce humaine, et de tous les crimes.

Croirait-on que toutes ces contradictions ne sont qu'apparentes, et qu'elles expriment également la vérité ?

Les habitans de Paris contrastent aussi singulièrement entre eux : tandis qu'une classe de la société chérit les arts, les talens, et les cultive avec succès ; l'autre partie de cette société, et c'est la plus nombreuse, est d'une ignorance grossière et stupide ; elle s'imagine que les étoiles sont les réverbères du ciel : avisez-vous de lui dire que la terre tourne autour du soleil, elle croira que, c'est votre tête qui tourne.

Il n'y a pas jusqu'à ses édifices, jusqu'à ses monumens qui offrent entre eux les plus affligeans contrastes.

Jadis dans les mansardes d'un palais habitait l'indigence couverte de haillons ; tandis que dans les appartemens inférieurs, sous des lambris dorés, les maîtres opulens ne savaient que faire de leur superflu.

Aujourd'hui ces magnifiques hôtels sont changés en une immense solitude, ou peuplés, depuis le rez-de-chaussée jusqu'aux greniers, d'une vingtaine de familles laborieuses. On court avec des sabots sur un parquet où l'on voyait autrefois étendus de superbes tapis. Des forgerons sont maintenant logés dans les anciens appartemens d'une marquise, petite-maîtresse et vaporeuse.

Le portier d'un palais en est devenu le maître ; et tandis qu'un évêque de l'ancien régime fait des perruques pour avoir de quoi vivre, un valet-de-chambre-perruquier se promène fastueusement dans les domaines nationaux dont il est le propriétaire.

On fabrique des fusils ou des canons dans une église, qui n'avait retenti jusqu'alors, que des cantiques adressés à un Dieu de paix.

Dans la plupart des cloîtres, où la piété et la pénitence devaient trouver un éternel asile, on joue la comédie, ou l'on danse dans les réfectoires, métamorphosés en salles de bal.

Le spectacle hideux de rues sales et étroites et de misérables masures à côté d'édifices somptueux, affecte encore désagréablement les regards.

Près d'un lieu consacré à la joie,

aux jeux, au plaisir, on découvre un hospice ouvert à l'indigence, à l'humanité souffrante. Que de nombreux abus dans ces prétendues maisons de pitié, affligent les amis des hommes !

Ici, ce sont des enfans que la misère arrache du sein desséché de leurs mères, et qui périssent faute du premier aliment de la nature; il ne leur manque que du lait et les soins d'une nourrice.

Là, des milliers de malheureux, privés des secours qu'ils croyaient trouver dans la bienfaisance nationale, languissent dans une oisiveté funeste, tandis qu'un travail modéré leur eût procuré des alimens et des jours tranquilles, et les eût préservés de mourir de faim.

Ailleurs, des hospices dits d'humanité reçoivent une foule de malades, et semblent creuser leurs tombeaux.

tombeaux. Ces êtres souffrans sont encore couchés au moins deux dans un même lit, au mépris de la loi nécessaire et humaine, qui ordonne qu'ils y soient seuls. Sous prétexte de les tenir à une diette salutaire, combien en a-t-on laissé périr exténués d'abstinence et de besoin (1)?

---

(1) A propos des maladies auxquelles est sujette l'espèce humaine, nous demanderons à nos gouvernans pourquoi ils n'ont point encore publié les recettes, les compositions secrettes propres à la cure de diverses maladies, achetées autrefois si cher par l'ancien régime, et qui devaient être mises au jour au bout de douze ou quinze ans? Comme ces recettes, qui pourraient guérir, à peu de frais, les maux du pauvre, se trouvent entre les mains de certains officiers de santé, il est bien à craindre, si le gouvernement n'y prend garde, qu'ils en fassent leur profit, et qu'ils les revendent un jour à la nation.

N

Tel est le tableau douloureux des grandes cités et de toutes les capitales des empires, gouffres où vient s'engloutir leur population, et qui contribuent à la ruine des états, autant qu'à la perversité des mœurs.

Pourquoi ne comparerait-on pas l'immense capitale d'une nation, Londres ou Paris, par exemple, à ces parties du corps humain, surchargées quelquefois d'une abondance d'humeurs qui s'y portent de toutes parts et s'y engorgent? Elles finissent par absorber la nourriture réservée aux autres membres, attaqués bientôt d'une maigreur extrême : ils périraient, si on ne se hâtait de remédier à cet embonpoint funeste.

Assurons, sans crainte d'être démentis par le témoignage du temps et de l'histoire, qu'une capitale trop vaste, brillante de luxe et de magnilicence, annonce la décadence d'un peuple et sa ruine prochaine.

Nous ne voulons pas dire que Paris présage un sort aussi funeste à la France. Le voilà le centre d'une puissante république; il éprouve une sorte de régénération; et il faut qu'il existe dans ce nouvel état encore pendant plusieurs siècles.

Attendu que les princes, les nobles et les riches d'autrefois ne buvaient point d'eau de la Seine, il leur importait fort peu que cette rivière, qui traverse tout Paris, et dans laquelle on jette toutes les ordures et les immondices, même celles d'un hospice de cinq ou six mille malades; il leur importait fort peu, disons-nous, que cette rivière servît à désaltérer les trois-quarts et demi de ses nombreux habitans.

Néanmoins elle présente à l'œil, la plus grande partie de l'année, un

N 2

breuvage aussi sale que dégoûtant, quoique son eau se clarifie parfaitement dans les fontaines particulières et domestiques, et que plusieurs physiciens aient prétendu qu'elle est un excellent dissolvant, qui atténue tous les corps étrangers dont elle est accidentellement chargée.

Maintenant que le peuple est compté pour quelque chose, ou qu'il doit l'être au moins, espérons que le gouvernement républicain s'empressera de procurer aux Parisiens une eau plus limpide et plus salubre.

Il lui sera facile de faire jouir l'immense cité de cet avantage inappréciable. Qu'il fasse seulement couler l'eau de la Seine dans des canaux creusés au-dessus de Paris ; et cette ville sera ornée d'un grand nombre de fontaines publiques, qui attesteront qu'elle a gagné infiniment à la révolution, quoique, par la suite, son enceinte, plus resserrée, renferme moins d'habitans.

La sagesse et la modestie républicaines sont loin d'imiter l'orgueil et la politique des rois, qui attirent autour d'eux le plus qu'il leur est possible de riches et de gens titrés, afin d'avoir sous leurs mains des ôtages du reste de leurs sujets.

Ainsi Paris se bornera, peut-être avant qu'il soit peu, à une population d'environ cinq cents mille personnes, entretenue par ses seuls habitans ; et les campagnes et les départemens, occupés à faire fleurir l'agriculture et le commerce, cesseront d'affluer dans une seule ville.

En attendant ces temps heureux, qu'il est permis de voir en perspective, la prévoyance du gouvernement doit venir au secours des infor-

N 3

tunés en tous genres , que renferme
cette grande cité , et dont elle sera
peut-être toujours l'asile et le tombeau.

Trompés par le faste qu'étale la
richesse , comme concentrée sur un
seul point , dix mille indigens, chaque année , accourent y chercher
leur subsistance au moyen du travail , et se flattent d'y trouver une
infinité de ressources.

Leur espoir est cruellement déçu.
Ils paraissent jetés au milieu d'une
nation étrangère , dont l'intérêt particulier est la seule loi , qui ne s'occupe que de ses plaisirs , et qui ne
peut comprendre leur langue , ni entendre leurs gémissemens. Pour cette
foule d'égoïstes , de Crésus endurcis , de Midas en place , la misère est
un spectacle déchirant ; elle en dé-
tourne les yeux , parce qu'il lui fait
mal , et cesse bien vite d'y songer ,

pour ménager son extrême sensibilité.

Que de malheureux, victimes de leur confiance, isolés dans une ville où tout abonde, où tout annonce la prospérité et le luxe, manquent du nécessaire, et sont réduits à se livrer au désespoir ou au crime!

Pour adoucir le sort de tant d'infortunés, il serait digne de la bienfaisance du gouvernement, d'établir dans Paris une ou deux maisons destinées à procurer de l'ouvrage aux femmes, aux jeunes personnes, aux ouvriers, aux artistes, etc. qui seraient sans occupation et sans moyen d'exister.

Les bénéfices que l'on se procurerait sur ces différens genres de travaux, indemniseraient suffisamment des frais que nécessiterait cet établissement, ainsi que des avances qu'il exigerait.

Adoptons encore l'idée bienfaisante d'un philosophe estimable, Condorcet (1), dont la mort tragique est une tache pour la révolution française ; que des tontines utiles ; que de sages établissemens, particuliers ou publics, présentent une ressource à l'ouvrier et au marchand infirmes ou accablés de vieillesse, ainsi qu'à leurs veuves, et des capitaux pour leurs enfans, propres à seconder leur industrie. Le sacrifice d'une somme modique, par an, assurera le bien-être d'une infinité de familles, qui, faute de cette mesure salutaire, tombent dans les horreurs de l'indigence.

C'est ainsi qu'on pourra éloigner de Paris, l'image de la plus affreuse misère, contraste effrayant avec le

_____

(1) *Esquisse d'un tableau historique des progrès de l'esprit humain.*

tableau de l'opulence et de la félicité ; et c'est ainsi qu'on s'assurera que Paris, dans l'avenir, sera le centre du bonheur public et des arts.

Cette immense cité n'a pas tant perdu à la révolution qu'on se l'imagine communément. Les chef-d'œuvres de peinture et de sculpture qu'on y a transportés d'Italie, peut-être aussi les excellentes productions de ses artistes, et les superbes monumens qu'elle renferme, la feront surnommer la *nouvelle Rome*.

Les étrangers, amis des arts, les riches amateurs y accoureront de toutes les parties de l'Europe, y réveilleront l'industrie, y feront circuler des sommes prodigieuses.

Paris se repeuplera de nouveaux enrichis, tout aussi prodigues, tout aussi fastueux que les anciens, et il ne paraîtra pas qu'il ait changé d'habitans.

N 5

Les antiques fortunes, long-temps cachées et déguisées, se remontreront au jour, et, par les plaisirs bruyans d'une vie opulente, chercheront à se consoler de la perte de leurs titres de noblesse.

Les générations à venir, qui se succéderont dans la grande ville centrale, quoique différentes de celles de nos jours, auront, à-peu-près, les mêmes vices, les mêmes ridicules.

Des nuances diverses dans les mœurs n'échapperont point aux observations du philosophe, et l'on continuera d'écrire des brochures très-piquantes sur les Parisiens, leurs travers, leurs folies.

N'y aurait-il que la variété et la bizarrerie des modes, qui continueront à changer chaque mois, les auteurs ne manqueront jamais de sujets amusans, pour composer des critiques graves ou enjouées, sur-tout s'ils ont soin de faire remarquer la satyre adroite et maligne contre le gouvernement, cachée ordinairement sous la forme d'une robe, d'une coëffure, d'une tabatière, etc. etc.

Tous les dix ans Paris est comme renouvelé; et l'Aristarque des mœurs peut recommencer à écrire l'histoire et la critique de cette ville, sans craindre de répéter ce que d'autres auront dit avant lui.

CHAPITRE XXIII.

Des Laboureurs, de l'Agriculture, et des Baux.

Quoi qu'en disent les grands d'Espagne, qui ont le privilége impoli de parler à tout le monde le chapeau sur la tête ; et malgré les prétentions extravagantes des barons d'Allemagne, à douze quartiers, qui, pour ne point se mésallier, épousent une simple demoiselle de la main gauche ; et en dépit des boyards de Russie, qui ont chacun vingt à trente mille esclaves, les laboureurs sont les premiers ancêtres des gentilshommes, des princes, des barons, et même des rois, des empereurs.

Quand des nations errantes ou nomades voulurent enfin se fixer à demeure, avec leurs nombreux trou-

peaux , elles partagèrent les prairies
et les bois entre les pères de famille ,
et chacun s'occupa , pendant des
siècles entiers , du soin de la chasse
et d'engraisser ses bestiaux , ses ca-
vales , dont le lait et la dépouille
étaient toute la richesse des particuliers.

Un pâtre industrieux , et qui mé-
rita des autels , conseilla aux hommes de renoncer à la nourriture du
gland , de remuer légèrement la su-
perficie de la terre avec des machines
de bois ou de fer , de l'ensemencer ,
et de se préparer des alimens moins
amers et plus salubres que les fruits
sauvages.

Ce pâtre rendit un service signalé
au genre humain ; il fut , en quelque
contrée , le premier monarque. Ses
successeurs ont-ils mérité autant que
lui de la reconnaissance des hommes?

Nourrir ses semblables , les réunir, les policer, est une action vraiment digne d'un sage ; et qui ne devait jamais faire naître l'idée, aux chefs des nations, de les comprimer de toutes les manières, d'en faire des esclaves, et de les regarder comme un troupeau de moutons qu'ils pouvaient faire égorger au gré de leurs caprices.

On serait tenté d'en conclure que plus le genre humain vieillit, plus il devient stupide et méchant.

Ce qui redouble l'indignation, c'est de voir que les descendans d'un pâtre se croient d'une nature supérieure à celle de l'homme, et osent se dire l'image d'un Dieu, tout en faisant massacrer ses créatures.

S'ils n'avaient pas totalement oublié leur origine, ils ne s'occuperaient qu'à faire le bien, et se regarderaient comme l'image d'un bon père de famille.

Les laboureurs furent les premiers personnages des sociétés réunies ; les plus habiles à la culture, donnèrent l'idée d'une sorte de supériorité sur les autres cultivateurs, qui se perpétuant de père en fils, commença les distinctions sociales.

Ces distinctions avaient eu d'abord lieu par la force ; mais celles qui devaient leur origine à l'agriculture obtinrent la préférence : il était naturel que le travail l'emportât sur le brigandage.

Dans ces siècles heureux, un soc, une charrue illustraient leurs paisibles possesseurs, et produisaient la fécondité dans les campagnes : maintenant on s'énorgueillit de tenir en main une épée, et de porter au loin le carnage et la dévastation.

Les titres des laboureurs sont écrits en caractères ineffaçables, et ils ne doivent pas craindre de les

perdre. Ils ne redoutent que les révolutions physiques.

S'ils eussent connu l'usage des
écussons, ils les auraient ornés d'ins-
trumens aratoires ; et ces armes par-
lantes auraient aussi bien figuré que
des tigres , des griffons , des mains ,
des bras , des têtes coupées , etc. etc.

Mépriser les laboureurs , c'est in-
sulter à ses pères ; et se croire plus
noble qu'eux , c'est montrer que
l'orgueil est l'ouvrage de l'ignorance et de la déraison.

Nous dirons encore plus , le laboureur est au-dessus du prétendu
noble et du riche citadin : modèle
des antiques patriarches , il se livre
à un travail respectable et utile ; au
lieu que ces derniers sont d'illustres
fainéans , qui rougiraient d'avoir
des mœurs.

Le préjugé qu'on appelle la noblesse, tel qu'il est maintenant ré-

pandu en Europe, n'a pas même
l'honneur de dater de la considération que s'attirèrent les premiers laboureurs. Il doit son origine aux
conquêtes, aux invasions des peuples
du Nord, beaucoup plus récentes.

Les barbares vainqueurs, afin
d'éterniser leur supériorité, firent
des esclaves, des vassaux, et nous
opprimèrent tout-à-fait par l'absurde
et odieuse féodalité.

Nous sommes réellement fâchés,
par égard pour les vanités humiliées,
que les laboureurs soient la plus ancienne noblesse qu'il y ait dans le
monde, et que les preux chevaliers
n'aient pas même l'honneur d'en
descendre.

Non-seulement il est humiliant,
nous l'avouerons, de ne pas dater
d'aussi loin qu'un laboureur, mais
d'avoir pour souche principale un
misérable Scyte, un Vandale ou un

Goth, couvert de la peau d'un ours, et aussi féroce que l'était l'animal dont il portait la dépouille.

Parmi ces gens à prétentions si ridicules, il en est encore parmi eux de plus méprisables, ou du moins qui sont plus risibles. Nous voulons parler de ces riches imbécilles qui achètent fort cher le privilége nobiliaire, que le préjugé accordait seul à la naissance : ainsi le droit dont ils se pavanent, est encore plus chimérique que celui de la caste dans laquelle ils entrent, et dont ils sont toujours méprisés.

Si ces nouveaux ennoblis, au poids de l'or, jetaient leur argent dans la mer, et s'écriaient remplis de joie : maintenant l'Océan est à nous : cette folle prétention ne serait pas plus extravagante que celle de leur chimère.

Ah ! s'ils avaient connu l'antique

et vraie noblesse du laboureur, c'est-à-dire la considération attachée, de temps immémorial, aux pères nourriciers du genre humain, ils auraient fait un meilleur usage de leurs richesses; ils les auraient employées à acquérir un bien réel.

Par une suite des révolutions assez ordinaires sur notre globe, et qui font souvent retourner les hommes et la nature au même point d'où ils étaient partis, l'agriculteur, en France, est presque redevenu le premier membre de la société politique.

Que ne sommes-nous encore plus raisonnables! Une grande partie d'entre-nous, renouvelant l'exemple de nos pères, irait se livrer aux travaux champêtres.

Nous serions moins malheureux, nos mœurs seraient moins corrompues, et nous jouirions tous d'une santé robuste.

Mais nous sommes tous de vieux enfans, accoutumés aux plaisirs trompeurs et dangereux des antiques sociétés ; nos yeux furent éblouis long-temps du luxe des monarchies ; il est impossible que nous revenions à la belle et touchante simplicité de la nature.

Contentons-nous de vivre sous les lois républicaines ; elles nous rapprochent un peu du bonheur des premiers temps ; et si nous ne pouvons plus être tout-à-fait vertueux, soyons au moins bons citoyens.

Dans l'état des choses, il nous reste encore d'autres vœux à former relativement aux agriculteurs.

L'égalité républicaine, qui les rapproche de l'habitant des villes, leur en a fait contracter les vices, en allumant dans leurs cœurs l'amour des richesses.

Tout favorise même en eux cette

infâme passion, source corruptrice des mœurs. Ces détails affligeans, contenant le récit des désastres occasionnés par les inondations, par la sécheresse, par la grêle, ou par les incendies, insérés dans toutes les gazettes, sont comme un signal qui les avertit d'enchérir le prix de leurs grains.

Les gouvernemens ne pourraient-ils pas venir au secours des contrées qui éprouvent ces fléaux, sans en connaître la dangereuse publication?

Les impositions trop fortes qui pèsent sur le produit des terres, et prélevées en argent, dans tous les états de l'Europe, ont fait monter, depuis environ deux siècles, tous les baux à un prix excessif.

Il en est résulté plusieurs inconvéniens, dont voici les principaux : 1°. le fermier, surchargé de toutes

les manières, a peine à suffire aux
obligations onéreuses qu'il contracte;
s'il n'a point perdu la précieuse simplicité de ses pères; si un vil intérêt ne le rend point dur, égoïste,
accapareur, et spéculateur avide sur
les grains, il reste très-pauvre, accablé d'une nombreuse famille; il se
décourage; des champs entiers res-
tent en friches, et il se trouve souvent dans la cruelle nécessité de ne
pouvoir payer son propriétaire.

2°. Celui-ci, que le fardeau des
contributions et l'envie de grossir
son revenu, obligent à affermer ses
biens en valeur un prix fort au-
dessus du taux ordinaire, est trompé
dans son espoir cupide; il ne reçoit
que la moitié de ses fonds, et quelquefois rien du tout. Il ne se livre
pas moins à mille folles dépenses,
nécessitées par le luxe et l'usage; il
contracte des dettes désolantes, et

se voit dans l'indigence au sein des
richesses.

3°. Le prix énorme des baux force
d'augmenter celui des grains et de
toutes les denrées de première nécessité. Cette cherté ne faisant qu'ac-
croître successivement, est montée
à un tel point, que les choses coûtent
aujourd'hui dix fois plus qu'il y a
deux siècles. Eh ! qui sait où s'arrê-
tera cette progression effrayante !
Elle a fait enchérir la main-d'œuvre
de l'ouvrier. Elle a rempli nos villes
et nos campagnes de mendians et
d'infortunés qui cachent leur misère.

Puisse le prix des baux être inces-
samment modéré, sans qu'il soit
besoin d'une secousse violente !

CHAPITRE XXIV.

Les Contributions.

LES peuples policés sont par-tout accablés d'impôts : aussi murmurent-ils par-tout contre le gouvernement.

Il y a tel ministre qui ne cesse de rêver à des projets de contribution.

Pour le chef du fisc, la découverte d'un nouvel impôt, est le suprême bonheur ; un général est moins flatté d'une victoire signalée ; peu lui importe s'il va augmenter la misère publique ; il est insensible, dur et impitoyable : donc il est un grand homme d'état, un économe excellent à mettre à la tête des finances.

J. J. Rousseau a eu grand tort de dire que l'homme en se réunissant en en société, donne sa personne et ses biens. Il n'a pas fait attention qu'en parlant de la sorte, il secondait les prétentions absurdes des despotes, et de tout gouvernement tyrannique, qu'il combat en mille endroits, avec tant de force et de vérité.

Les membres d'un état ne lui doivent que leurs personnes pour sa défense, et une imposition sur leurs propriétés, afin de contribuer aux frais indispensables du gouvernement.

Leur vie et leurs propriétés, protégées par les lois, n'en sont abandonnées, que lorsqu'ils ont enfrein ces mêmes lois, auxquelles ils avaient juré une entière soumission, et lorsqu'ils ont commis envers la patrie ou la société, un crime digne de mort.

Combien de monarques, et même de législateurs républicains, pren-

O.

nent à la lettre ce qu'a dit le philosophe de Genève, et s'emparent de la plus grande partie des biens des gouvernés, comme s'ils en étaient réellement les maîtres!

Quand une imposition tombe sur la partie indigente du peuple, elle est nécessairement vicieuse.

Ecrase-t-elle les grandes fortunes? elle est aussi injuste, aussi funeste. Le riche achète moins, fait moins travailler, la détresse se fait sentir généralement, et le peuple crie aussi fort que l'opulent imposé.

La meilleure contribution est celle qui se perçoit également sur toutes les classes de la société, au prorata des fortunes.

Nous le disons à regret, mais l'impérieuse vérité nous y force: lorsqu'il est question d'une imposition nouvelle, on peut parier qu'il s'agit de mettre en place une compagnie d'agioteurs , ou d'heureux protégés.

A peine l'impôt est-il passé, qu'on voit sortir de dessous les pavés des gens inconnus , qui se logent dans un hôtel magnifique , et gravent sur le frontispice, en lettres d'or : RÉGIE DE..... : c'était ces gens-là qu'il s'agissait d'enrichir , ainsi que leurs protecteurs secrets.

Les républiques modernes ont aussi leurs financiers, dont le cœur avide et la dureté ressemblent à ceux de l'ancien temps : plusieurs siècles s'écouleront avant qu'ils acquièrent ces dehors aimables qui font supporter le vice.

Ils accueillent les arts et les talens par amour pour le faste, afin de paraître connaisseurs ; ils les aiment parce que telle est la mode : à-peu-près comme nos élégantes s'avisent de porter des perruques à la Titus.

O 2

Les spéculateurs en finance, qu'un hasard funeste place à la tête des empires, ont toujours, comme en arrière-garde, un projet d'impôt plus désastreux que celui dont ils offrent le plan : s'il est rejeté, ils se vengent et se consolent avec leur corps de réserve.

Dans les républiques, les impôts sont beaucoup plus considérables que dans les monarchies.

Il semble que ce devrait être le contraire, car les rois sont ordinairement dilapidateurs de la fortune de leurs sujets, afin de contenter les courtisans, les ministres, les maîtresses.

L'essence des gouvernemens républicains est l'économie, et les dépenses y sont plus modérées.

Pourquoi donc ces mêmes républiques rendent-elles si lourds ordinairement, le fardeau des impositions, qui devrait paraître d'autant plus léger, qu'il est réparti, sans aucune distinction, sur tous les citoyens?

Serait-ce parce que se regardant comme en état de guerre continuelle avec les rois leurs voisins, elles sont obligées d'entretenir sans cesse sur' pied une armée formidable?

Peut-on soupçonner que des républicains, guidés par leur intérêt personnel, détournent à leur profit des sommes immenses, et forcent de recourir à des moyens onéreux, pour satisfaire à leurs rapines?

Comme dans un gouvernement libre chaque citoyen peut parvenir à toutes les places, à toutes les magistratures, il y a des gens qui prétendent que c'est la raison pourquoi les impôts y sont plus forts, attendu que chacun doit payer à proportion des avantages qu'il espère.

O 3

S'il en était ainsi, il serait donc de la liberté comme de la justice, qu'on paie d'autant plus cher, qu'elle est extrêmement précieuse.

J. J. Rousseau prétend, dans le *Contrat social*, que c'est dans les monarchies que le peuple est plus grévé d'impositions. Nous nous croyons fondés à embrasser une opinion différente, et nous pensons que ce philosophe en aurait manifesté une toute opposée, s'il eût été témoin de ce qui se passe de nos jours. D'ailleurs il dit dans un autre ouvrage: « Où est l'état où la liberté » ne s'achète pas, et même très- » cher (1) ? »

Ce n'est nullement le fléau de la guerre qui force les gouvernemens républicains à lever d'immenses contributions; mais les améliorations

_____

(1) *Considérations sur la Pologne.*

dont ils sentent la nécessité, les établissemens utiles dont ils veulent faire jouir leurs concitoyens, etc.

Les impositions, dans une république, sont ordinairement pour l'avantage du peuple ; et celles exigées dans les monarchies, ne sont, le plus souvent, qu'avantageuses au prince.

Voilà pourquoi le fisc doit être plus modéré dans les états monarchiques que dans les républicains. Les contribuables des premiers sont toujours disposés à jeter les hauts cris ; au-lieu que ceux des seconds, persuadés qu'il s'agit du bonheur commun, sont moins prompts à se plaindre.

L'Angleterre est plus accablée d'impôts qu'aucune autre contrée de l'Europe ; sans doute parce que tenant à-la-fois de l'état républicain et du monarchique, elle fait sentir aux

O 4

insulaires les inconvéniens des deux régimes.

Un peuple qui pense, et qui est vivement pénétré de la dignité de l'homme, doit préférer le titre de républicain, à celui de sujet d'un roi, quand même il lui faudrait porter davantage à la masse des contributions.

Cependant nous l'invitons, pour peu qu'il soit heureux, à ne point se précipiter dans une révolution sanglante; les circonstances d'acquérir la liberté doivent se présenter d'elles-mêmes, et c'est au courage, autant qu'à la prudence, à savoir les saisir.

Tant d'obstacles s'opposent à ce que les hommes soient gouvernés à leur fantaisie, qu'il leur importe de bien réfléchir avant d'adopter de nouvelles lois.

La France serait sûrement plus

heureuse, si, par une fatalité singulière, ses impositions n'avaient été
souvent basées sur celles de l'Angleterre, son ennemie jurée.

Espérons qu'un jour on renoncera
à cette manie funeste d'imiter nos
voisins, même dans ce qui leur est
le plus désavantageux ; et que les
Anglais, à leur tour, charmés de la
douceur de nos lois, s'empresseront
à prendre pour modèle la sagesse de
notre gouvernement.

Chercher à remplir le trésor public en imposant fortement les citoyens, c'est se livrer à de fausses
.... s'éloigner du but
...... on se flatte d'atteindre. La
.... semble nous donner une
.... à ce sujet : les eaux
.... grossissent que par
.... dans son
.... porte la consternation
et le ravage, quand ses eaux de-

viennent momentanément trop abondantes.

Le trésor national est d'autant moins rempli, qu'on prend des mesures extraordinaires pour y faire affluer tout l'argent du peuple; la consternation devient générale, les bourses se resserrent; le génie de la fiscalité, plus honteux que touché des suites fatales de ses méprises, est de nouveau exécré comme le génie du mal.

Prenez-vous le parti dangereux de doubler une imposition qui porte sur un objet de commerce ou de nécessité? vous mettez le public à même, les riches et les pauvres, d'apprendre à se passer d'une chose qui leur reviendrait à un prix excessif; et votre impôt, doublé ou triplé, vous rapporte moins qu'auparavant.

Il est essentiel, pour la tranquillité

publique, que les contributions, une fois établies par le corps législatif, et dont les besoins de l'état exigent la durée, ne puissent être abolies ou suspendues lors du renouvellement de la représentation nationale.

Il n'y aurait rien de stable, si les contributions ne duraient point jusqu'à ce qu'on ait rempli l'objet qui a forcé d'y avoir recours.

Chacun de nos législateurs, en votant pour une nouvelle contribution, y mettrait peut-être plus de réflexion, si, dans ce moment redoutable, dont les suites peuvent arracher des larmes à des millions d'individus, il avait soin de se dire : Songeons à nos commettans, à nos amis, à nos proches, à nous-mêmes.

Il faut tout sacrifier pour la patrie, s'écriera-t-on sans doute ici ; un représentant du peuple doit être impassible. Nous convenons de la vérité de cette maxime ; mais qu'on avoue aussi avec nous que le législateur ne doit rien précipiter, quand il s'agit de gréver d'un nouvel impôt trente millions de ses concitoyens (1).

(1) Rappelons ici l'excellente réflexion de J. J. Rousseau : « Quand l'état, près
» de sa ruine, ne subsiste plus que par une
» forme illusoire et vaine, que le lien so-
» cial est rompu dans tous les cœurs, que
» le plus vil intérêt se pare effrontément
» du nom sacré du bien public; alors, la
» volonté générale devient muette; tous,
» guidés par des motifs secrets, n'opinent pas
» plus comme citoyens, que si l'état n'eût
» jamais existé ; et l'on fait passer fausse-
» ment sou s le nom de lois, des décrets
» iniques, qui n'ont pour but que l'intérêt
» particulier..... Chacun, détachant son in-
» térêt de l'intérêt commun, voit bien
» qu'il ne peut l'en séparer tout-à-fait ;
» mais sa part du mal public ne lui paraît
» rien, auprès du bien exclusif qu'il pré-
» tend s'approprier. » (*Contrat social.*)

CHAPITRE XXV.

Des Lois.

Les lois ne sont bonnes qu'autant qu'elles sont justes.

Mais les particuliers et les nations diffèrent sur la manière de les apprécier.

Chacun les approuve ou les blâme selon ses passions et son intérêt personnel.

Cependant ce qui est exactement juste dans un pays ne peut pas cesser de l'être dans un autre ; et la justice est une, ainsi que la vérité, pour tout le monde, pour tous les temps.

Nous ne voulons pas dire que l'esclavage, par exemple, regardé comme très-juste en Afrique, en Asie, etc., soit une chose que l'on doive généralement approuver ; nous ne voulons pas dire non-plus que les sauvages aient raison de manger leurs prisonniers.

Il faut bien prendre garde que les usages des nations ne sont pas des lois, quoiqu'ils en aient souvent la force et le caractère.

La difficulté consiste à trouver des règles sûres pour connaître et distinguer les principes invariables de la justice, d'avec ceux qui n'en ont que l'apparence.

Il est si facile de se tromper dans ce sujet d'une extrême importance, qu'on ne saurait trop recommander d'y réfléchir, sur-tout aux citoyens que, dans les républiques, le choix du peuple proclame ses législateurs.

S'il nous est permis de hasarder notre sentiment, nous dirons qu'une loi est conforme aux principes universels et invariables, lorsque, relative à un seul pays, elle pourrait s'appliquer à tout autre, avec les mêmes avantages d'utilité.

Une loi, pour être généralement bonne, ne doit ni opprimer ni favoriser une classe particulière de citoyens.

Il est encore nécessaire et indispensable qu'une loi soit écrite en termes extrêmement clairs, de manière que tout le monde puisse l'entendre, et qu'elle n'ait jamais besoin de commentaires.

Combien de lois excellentes en elles-mêmes, conçues en termes obscurs, ou équivoques, manquent leur effet, et servent à opprimer, au lieu de protéger le peuple !

Chacun interprète à sa fantaisie ces lois énigmatiques. Les agens, chargés de leur exécution, ne manquent pas de les rendre plus rigoureuses.

Il doit être enjoint expressément

à ces agens, de ne rien innover aux lois; il est, pour ainsi dire, encore plus essentiel qu'ils les suivent à la lettre, que les citoyens qu'elles concernent.

L'acte constitutionnel et les lois qui en dérivent, tant civiles que pénales, doivent être publiés chaque année, dans les municipalités, et dans les temples de tous les cultes, afin que les citoyens en aient une entière connaissance.

Il serait même à desirer qu'ils les sussent par cœur.

La multitude des lois est un vice dans une législature. Comment se reconnaître dans ce nombre prodigieux de décrets, souvent contradictoires (1)?

---

(1) « Toute loi, même la meilleure des » lois, est un joug..... Une foule de lois » étouffe nécessairement la liberté. » (Py-

Telle loi trop indulgente, ou trop sévère, ou mal énoncée, fait souvent naître les crimes qu'elle a voulu empêcher ou punir.

Le code civil et des crimes une fois posé sur les bases de la justice universelle, il ne reste plus qu'à déduire les principes du gouvernement, qui se réduisent à un petit nombre de maximes, aussi simples que lumineuses.

On les trouve toutes énoncées, ou du moins prévues, dans l'acte constitutionnel. Ainsi les lois subséquentes en sont une sorte d'annotation ou d'explication impérative.

Il est à désirer, pour le bonheur de l'humanité, que toutes les lois d'un peuple soient renfermées dans

---

thagore.) Condorcet a dit qu'on pourrait trouver l'origine de tous les crimes dans la législation des peuples.

sa constitution, sans qu'il soit jamais besoin d'en promulguer de nouvelles.

On assure qu'en France, les corps législatifs qui se sont succédés, depuis 1789, avaient décrété, jusqu'à la fin du siècle, au moins cent mille lois.

Ce serait beaucoup trop pour l'univers entier ; et nous pensons que les législateurs français doivent enfin terminer leur volumineux travail.

Que l'on ne croie pas que nos représentans, en cessant de faire des lois, manqueront d'occupation, et deviendront alors absolument inutiles.

Ils se livreront, pendant plusieurs années, à des soins infiniment précieux, en réformant, corrigeant, interprêtant, élaguant les immenses lois de leurs prédécesseurs.

Cette tâche honorable et impor-

tante une fois terminée, à la satisfaction du peuple, la nation aura
toujours besoin de représentans, afin
que ses droits constitutionnels soient
maintenus, et que le pouvoir exécutif soit surveillé.

Il faut au peuple républicain une
garantie : il ne peut la trouver que
dans ceux qui le représentent.

Il est à observer que dans la
quantité innombrable de nos lois,
nous n'en avons point qui viennent
sur-le-champ au secours des citoyens
lésés. Quélle est la garantie, par
exemple, d'un malheureux qui serait
opprimé par un décret ? Et quelle
loi garantit le législateur des attentats de la première autorité administrative, révoltée contre la représentation nationale ?

Tous les pouvoirs doivent être
mutuellement préservés de toute atteinte, par des lois conservatrices

des droits du citoyen, d'une exécution prompte et facile.

Ce n'est certainement pas la même chose, d'obtenir justice par la suite, à force de représentations et de tourmens ; ou d'être protégé, à l'instant, par une sauve-garde, une garantie solemnelle.

La république Romaine avait établi, même au-dessus du sénat, la magistrature suprême d'un censeur. Pourquoi les républiques modernes n'auraient-elles pas la sagesse de suivre cet exemple? Un censeur, quoique le premier de tous les magistrats, et bien supérieur au ministre de la justice, mettrait un frein aux empiétemens du pouvoir exécutif. Les représentans du peuple eux-mêmes, s'ils s'écartaient des lois, ou s'ils oubliaient leurs propres décrets, en répondraient devant cet auguste tribunal.

Les citoyens auraient alors une garantie connue et solemnelle ; ils pourraient se dire véritablement libres ; aucune des premières autorités n'oserait être tyrannique. Si, de nos jours, l'autorité suprême d'un censeur, des mœurs et des prévarications, avait été déployée, combien de vols publics, de troubles et de séditions n'eussent point faits le malheur des peuples (1) ?

Craignez-vous de recourir à un magistrat dont le pouvoir serait aussi redoutable, vu la corruption des mœurs actuelles ? Partagez son autorité suprême entre six ou sept censeurs nationaux, qui prononceraient ensemble définitivement sur toutes les contestations relatives à l'acte constitutionnel. Le peuple aura

_____

(1) « Peuple de Crotone ! consacres dans
» l'année au moins un jour pour la censure
» de tes magistrats. » (*Lois de Pythagore.*)

une garantie contre les infractions
et l'arbitraire des fonctionnaires publics ; il pourra croire à la stabilité
des lois sacrées de l'état.

Si l'on découvrait de graves inconvéniens dans l'acte constitutionnel,
ces premiers magistrats auraient le
droit de les réformer, et même de
donner au peuple une constitution
nouvelle. Ensorte que cet acte pourrait être entièrement changé et perfectionné, sans trouble et sans com-
motion.

Il serait à souhaiter que les lois,
puisées dans la connaissance du cœur
humain, fussent semblables à une
excellente maxime de morale; et
qu'on goutât une telle douceur à les
suivre, que le plus grand supplice
de les avoir enfreintes, fût de s'en
être écarté (1).

_____

(1) « Homme d'état ! imprimes aux lois
» de la république un caractère aussi sa-

CHAPITRE XXVI.

Assemblées Primaires et Electorales.

C'EST en vertu de leur constitution que les citoyens des républiques modernes, à une époque déterminée, se convoquent et s'assemblent pour élire leurs magistrats et leurs représentans. Ils doivent donc jouir

---

» cré que les commandemens de la reli-
» gion. Prêtes secours à la loi : non pas en
» lui donnant *main-forte*, mais en la fai-
» sant aimer. » (*Lois de Pythagore.*)

« Il n'y aura jamais de bonne et so-
» lide constitution que celle où la loi ré-
» gnera sur les cœurs des citoyens : tant
» que la force législative n'ira pas jusques-
» là, les loix seront toujours éludées. »
(J. J. Rousseau , *Considérations sur la
Pologne.*)

alors d'une liberté entière ; et y porter la moindre atteinte, c'est outrager les droits sacrés du peuple, c'est déchirer l'acte social, dont la conservation a été jurée par toute la nation.

En combien de manières néanmoins ne comprime-t-on pas la liberté qui devrait régner dans les assemblées primaires ?

Nous n'allons parler d'abord que de celles-ci, la source de toutes les autorités, mais qui n'en ont presque aucune, pendant le temps de leur courte durée.

Voudrait-on qu'on pût les comparer aux ruisseaux, d'abord faibles et méprisables, et qui finissent par produire les fleuves ?

L'époque même de ces assemblées est mal choisie. Il fait souvent très-froid au commencement de germinal. Les votans, à demi-morfondus, sont

sont contraints de passer plusieurs heures dans une salle sans feu, ou de se hâter à donner leur voix, s'ils n'aiment mieux se chauffer à leurs dépens.

Dans les campagnes, c'est encore bien pis. Les malheureux habitans des communes rurales sont forcés pour gagner le chef-lieu de canton, de faire plusieurs lieues dans des chemins remplis de boue, assaillis d'une pluie glaçante.

On est tenté de croire que les membres de la convention nationale, qui se sont occupés des articles concernant les assemblées primaires, les ont rédigés auprès d'un bon feu, et qu'ils n'ont pas cru, dans le bien-être qu'ils éprouvaient, qu'il fût possible d'avoir jamais froid.

Il était facile, autant qu'à propos, de reculer d'un mois ces assemblées, où l'on éprouve souvent que la

P

chaleur patriotique ne suffit pas
pour garantir des impressions du
froid.

Un écrivain a proposé la suppression des assemblées primaires, et
veut que tout citoyen jouissant de
3,000 francs de rente, soit électeur
de droit. C'est comme si cet auteur
avait demandé un privilége exclusif
pour les riches, et que la classe la
moins aisée du peuple fût déclarée
incapable de remplir aucune fonction administrative.

L'inégalité des fortunes ne doit
point amener une pareille injustice.
Laissons-là toute entière à nos voisins les Anglais. La partie indigente
du peuple, qui paie sa part des contributions, a des droits aussi impres-
criptibles que la classe favorisée des
dons de la fortune.

Il est juste et légal, dans une république bien organisée, que tout

citoyen dont la taxe d'imposition s'élève seulement au prorata de quelques journées de travail, soit appelé aux assemblées primaires.

Nous croyons même que ce citoyen, s'il a reçu quelque éducation, et s'il possède quelques lumières, peut être nommé à différentes fonctions, excepté à celles de représentant du peuple, qui exigent des connaissances plus étendues.

Le système de n'admettre dans les places électives que les riches, en se déterminant d'après le taux des impositions, tend à priver les républiques des lumières d'un grand nombre de gens de mérite, que leur peu de fortune, ou des revers imprévus réduisent à se renfermer dans la classe indigente.

Il y a plus, le système de l'ingratitude républicaine se présente ici dans toute sa force ; mais il ne con-

P 2

cerne que quelques individus (ceux qui veulent que les riches soient tout, et les pauvres rien). N'a-t-on pas vu dans la convention nationale des membres très-estimables, qui, si l'on adoptait l'opinion que nous croyons devoir combattre, seraient maintenant incapables de remplir aucune place?

Molière, Corneille, Fontenelle, et une foule d'écrivains célèbres du siècle de Louis XIV, n'auraient pas même pu voter dans les assemblées primaires, ainsi que, de nos jours, J. J. Rousseau, Boulanger (1), Crébillon, du Belloi, la Harpe, Marmontel, La'ande, etc. etc.

Nous dirons même qu'à mérite égal, un citoyen peu fortuné doit l'emporter sur celui qui est né dans

___

(1) Auteur du *Despotisme Oriental,* de *l'Antiquité dévoilée,* etc.

l'opulence ; parce qu'il a eu beaucoup plus d'obstacles à vaincre pour acquérir des talens, et qu'il est juste de récompenser les difficultés vaincues.

Jadis on s'imaginait que la naissance et les titres tenaient lieu de mérite : en viend˙ ˙it-on aujourd'hui à vouloir revêtir de ce précieux avantage l'opulence, n'importe comment acquise ?

Mais où se trouvera la responsabilité des fonctionnaires qui n'ont aucune possession territoriale ? Nous n'avons rien à répondre. Cette question semble annoncer qu'on regarde comme nuls, dans les états républicains de nos jours, l'estime générale, l'honneur et toutes les vertus.

Revenons au principal sujet de ce chapitre.

Quelle est la souveraineté du peuple dans les assemblées primaires,

P 3

telles qu'elles sont organisées par la
constitution de l'an III? Il est dis-
séminé en petite quantité, déterminée par la loi; il lui est *enjoint*
de ne s'occuper que des élections;
le président et le bureau de ces assemblées, où l'on contreviendrait à
ces *défenses*, seraient punis de
peines capitales.

Au bout de trois jours, il faut
se séparer, sans avoir osé discuter
une seule question intéressante,
sans avoir prononcé le mot de
patrie.

Si de pareils réglemens accordent
au peuple quelque souveraineté, elle
y est tellement cachée, qu'il serait
difficile de l'y reconnaître.

Il nous semble qu'il eût été bien
plus efficace, que le peuple eût joui,
dans ces premières assemblées, de
toute la plénitude de sa liberté,
restreinte néanmoins à parler et à

d'écrire sur les objets qui intéressent la république.

Cette faculté, qui, si elle n'est de droit politique, est au moins de droit naturel, aurait produit nombre d'avantages. On se serait éclairé mutuellement, et aux yeux de tout le monde, sur l'importance des choix qu'il faut faire, et l'on eût évité, par ce moyen, les conciliabules secrets qui déterminent d'avance les nominations. Enfin, l'on eût ébauché des cahiers de doléances, dont la rédaction eût été achevée par les assemblées électorales, et qui seront toujours infiniment utiles, dans les tems orageux, comme dans les tems de paix et de tranquillité.

En privant les assemblées primaires et électorales du droit d'écrire leurs plaintes et leurs demandes, il arrivera que le corps législatif ne saura jamais, d'une manière osten-

sible, les abus qu'il faudra réformer,
ni les calamités générales.

L'organisation des assemblées
primaires, telle que nous la voyons
de nos jours (Germinal, an VII),
est aussi très-défectueuse. Il ne faut
pas s'imaginer que tout le monde s'y
connaît, sur-tout dans une ville
comme Paris, où l'on est pres étranger dans la maison qu'on
bite. D'ailleurs, combien d'indivi
ne viennent que de s'établir dans
commune délibérante ? Ils y so
comme tombés des nues, et so
fort embarrassés pour nommer suc
cessivement une douzaine de citoyens de cette même commune.
Les membres avec qui vous vous
trouvez, et qui ne vous ont jamais
vus, éprouveraient un pareil embarras à votre égard, s'ils ne pren-
naient un autre parti, celui de l'indifférence.

Il est vrai qu'on lit plusieurs fois la liste des citoyens présens. Mais cette liste n'étant qu'une simple nomenclature, ne fait nullement connaître l'état, les talens et le personnel des dénommés.

Qu'arrive-t-il de cet inconvénient ? L'intrigue a beau jeu pour se pousser avec adresse, et s'assurer une quantité de suffrages. Elle ne craint point qu'un homme de mérite, ignoré dans l'assemblée, lui enlève des voix, des partisans, qu'elle a souvent achetés fort cher.

Croirait-on que dans une de ces assemblées primaires, à Paris, Mercier, l'ex-conventionnel, auteur de l'An 2440, d'un grand nombre d'autres ouvrages et de drames intéressans, s'étant présenté pour donner son vote, comme on lui entendit dire : *je suis Mercier*, on lui demanda s'il était *marchand mercier* ?

P 5

Il répondit qu'il était tonnelier.

Puisque de pareilles ignorances se manifestent dans Paris, les grandes villes des départemens ne peuvent-elles pas être témoins de traits aussi extraordinaires, aussi ridicules ?

Il est curieux de voir, dans les assemblées primaires, les prétendus gens de loi, les défenseurs officieux, les huissiers, les recors, bien certains qu'en se donnant mutuellement leurs voix, ils auront la plus grande partie des suffrages, se présenter d'un air de suffisance, pousser du coude, pour ainsi dire, le reste des citoyens, cabaler même sans pudeur entre eux, commencer par s'assurer les places du bureau, et capter ensuite tous les votes, comme s'ils étaient les seuls qui eussent les qualités requises.

On ne peut leur disputer une qualité particulière, et qui les distingue spécialement : ils ont une dose étonnante d'effronterie et d'audace, et s'ils ne parlent point en habiles orateurs, ils s'en dédommagent par un éternel et insupportable babil.

Il est inutile d'observer que nous ne désignons ici que ces gens méprisables et détestés dans les anciens tribunaux, autant qu'ils le sont encore de nos jours, par les honnêtes citoyens. Nous ne pouvons avoir en vue ces hommes de loi, ces défenseurs officieux dont notre siècle s'honore, et qui joignent aux talens du barreau, le désintéressement et la bienfaisance.

Ce ne sont pas toujours ces hommes rares et vertueux qu'on choisit dans les assemblées primaires, mais les intrigans, qui sont tout leur opposé.

Cette nuée d'hommes noirs, sans

P 6

principes, livrés au froid égoïsme, inonde les corps électoraux, s'empare des magistratures, et se répand dans le corps législatif. Elle influe tellement par-tout où elle se porte, qu'on observe souvent que des vues étroites et un esprit de chicane agitent nos législateurs.

Ne seraient-ils pas aussi la cause de l'égoïsme et de l'insensibilité aux maux publics qu'on remarque, ou dont on a été frappé dans de certaines délibérations?

Les gens de loi, à force de voir des cliens processifs ou coupables, contractent une dureté de caractère qui ne les rend nullement propres à toutes les places administratives; mais les rend même fort dangereux dans celle de mandataire du peuple.

La mauvaise organisation des assemblées primaires, ne se borne pas à ces funestes effets ; elle en produit encore d'autres plus dangereux, et qui ne tendent à rien moins qu'à renverser la constitution.

Le pouvoir exécutif (et il en est de même dans les assemblées électorales) peut y acquérir aisément une grande influence, et s'il est mal intentionné, il lui est facile d'élever un parti sur les ruines de l'autre, ou de procurer toutes les nominations à ses créatures.

Que deviennent alors les droits du peuple, la liberté des suffrages, lois sacrées pour les uns, et qui, pour les autres, ne sont que des mots vides de sens ?

Elles ne sont pas quelquefois plus respectées dans les délibérations des corps électoraux, où l'on voit, à-peu-près, les mêmes abus que nous venons d'observer dans les assemblées primaires.

Ainsi que dans celles-ci, personne ne s'y connaît, et il est même presque impossible que cela soit autrement : douze à quinze cents individus forcés de se taire, ou de ne parler que de votes, ne peuvent laisser paraître des talens essentiels à la patrie.

Delà les manœuvres secrettes de l'intrigue, ses succès, son triomphe, et les maux de la république.

Nous proposons deux mesures que nous croyons de nature à remédier à ces inconvéniens si graves et si funestes, et qui peuvent s'appliquer également aux premières assemblées du peuple et aux électorales.

Qu'à l'appel nominal, le président (d'âge ou élu au scrutin) interroge chaque membre, et l'invite à déclarer franchement à quelle place il se croit le plus propre pour servir utilement la patrie.

Si ce moyen paraît insuffisant, en ce qu'il peut mettre dans l'embarras des citoyens modestes, obligés de parler d'eux-mêmes, en voici un autre qu'on trouvera peut-être plus admissible. Ouvrez une liste dans toutes les communes, où chaque citoyen soit obligé de faire inscrire son nom, son état civil et ses talens particuliers. On lirait cette liste à haute voix, à l'appel nominal, lorsqu'il s'agirait des élections.

D'après la manière dont les assemblées primaires et électorales sont organisées, il est difficile de concevoir comment les élections peuvent avoir lieu sans l'influence de l'intrigue.

CHAPITRE XXVII.

Des Représentans du Peuple.

Enfin, au milieu des plus grands obstacles, des agitations, des ruses actives de tous les prétendans, un député du peuple est nommé; et il faut rendre grâce au destin de la patrie, s'il est homme vertueux et de mérite.

La naissance, qui jadis procurait les places et les titres, était l'ouvrage du hasard: cette divinité aveugle ne préside-t-elle pas encore aux bons choix qui nous étonnent quelquefois dans les républiques?

Comment le peuple songe-t-il à un honnête homme, enveloppé dans l'obscurité, et qui ne cherche ni ne désire qu'on s'occupe de lui?

Une autre difficulté rend encore

presque impossible l'élection de cet honnête homme : la loi lui interdit d'offrir ses talens et ses vertus au service de la patrie.

Cette défense ressemble, en quelque sorte, au préjugé qui ne veut pas que l'indigent réclame des secours, et regarde comme honteuses les démarches que la nécessité lui fait faire.

Les gens riches ont fait naître le préjugé qui empêche l'honnête pauvreté de recourir à eux ; leurs cœurs durs et égoïstes redoutaient des demandes importunes. Les intrigans, les faux patriotes semblent avoir eu part à la défense faite aux talens et au mérite de se mettre ouvertement sur les rangs pour être nommés magistrats ou représentans du peuple.

Comme de pareilles nominations ne peuvent manquer d'être mauvaises, certaines personnes en

rejettent la faute sur le peuple, tandis qu'elles ne doivent être imputées
qu'à la funeste politique des gouvernans. Ne le force-t-on pas de faire
ses choix au hasard?

Si vous laissiez subsister un désordre
aussi dangereux dans les élections,
ce serait comme si vous vous en rap-
portiez aveuglément à la décision
du sort.

Voici comment il arrive quelquefois qu'une assemblée électorale jette
les yeux sur un citoyen digne de son
choix, et fait pour s'occuper des intérêts de la nation. Elle est agitée
par des factions qui se croisent et
se contrarient; ou plusieurs prétendans se disputent l'honneur d'être
nommés; tout-à-coup un des membres, voulant rappeler le calme et
détruire les manœuvres de l'intrigue,
propose un homme sage, instruit et
célèbre, dont la réputation est par-

venue jusqu'à lui ; ce nom frappe une partie de l'assemblée, et, après de grandes agitations, il est proclamé d'une commune voix.

C'est ainsi que l'excès du mal peut produire le bien : mais ne nous fions point à cet enfantement monstrueux, si l'on peut s'exprimer de la sorte. Mettons plutôt notre confiance dans le bon-ordre et la vertu : leurs opérations amènent tout naturellement le bonheur général et particulier.

On sait que quand une faction veut dominer, et qu'elle ne se sent pas la plus forte, elle pousse en avant les membres méprisables du parti opposé, afin de décrier ce parti, et de prendre sa place dans l'opinion publique.

Disons un mot sur une question qui a souvent été agitée dans ces derniers temps. Les uns veulent que l'on restreigne le plus possible le nombre des représentans , même d'une grande nation ; 1°. sous prétexte d'économie; 2°. afin , d'éviter une partie des cabales qui ne manquent pas d'avoir lieu lors des élections ; 3°. enfin pour que le sénat , étant peu nombreux , puisse délibérer plus paisiblement et avec plus d'utilité.

D'autres soutiennent, au contraire, qu'il est de l'intérêt d'une nation d'avoir beaucoup de représentans , attendu que , dans cette hypothèse, le peuple est moins lésé, et que toutes les parties de la république ont , au corps législatif, des défenseurs de leurs droits , instruits de leur position , de leurs ressources, de leurs besoins.

Nous déclarons que nous penchons pour ce dernier parti : les cabales auront encore plus d'activité pour la nomination d'un petit nombre de représentans, que lorsque chaque département en élira plusieurs ; et il n'est point de la dignité d'un grand peuple de porter une extrême économie dans la formation de son sénat.

Mais ce peuple ne doit pas se borner à rassembler une quantité considérable de législateurs ; il doit chercher à réunir le mérite et les lumières. S'il ne les trouve point dans un grand nombre d'individus, qu'il restreigne son choix : il aura suffisamment de représentans.

Indépendamment du mérite que doit posséder un mandataire du peuple, et des connaissances qu'il doit avoir dans la législation, les finances et la politique, son poste est honorable à tous les égards : il est investi d'une grande confiance ; il représente en sa personne cinquante mille hommes qui l'ont élu, et il représente la nation entière.

S'il est des gens qui se glorifient des avantages chimériques de la naissance, c'est-à-dire d'être illustres aux yeux de certaines gens, par les vertus de leurs pères, de leur trisaïeul, quel sentiment d'orgueil, et bien pardonnable, doit éprouver un représentant du peuple, qui n'est redevable de son élévation qu'à son propre mérite!

On ne conçoit pas trop la raison qui a porté J. J. Rousseau à s'élever si fortement contre le régime représentatif. « Les députés du peuple, » dit-il, ne sont ni ne peuvent être » ses représentans, ils ne sont » que ses commissaires; ils ne » peuvent rien conclure définitive- » ment. Toute loi que le peuple en » personne n'a pas ratifiée, est nulle; » et n'est pas une loi.... A l'instant » que le peuple se donne des représen- » tans, il n'est pas libre, il n'est » plus. »

Selon toute apparence, le philosophe de Genève n'appliquait cette
théorie qu'à de petites républiques;
ou bien il se laissait trop séduire par ce
qui s'était pratiqué dans l'ancienne
Rome. Il est impossible qu'un peuple
immense, trente millions d'hommes,
par exemple, fasse des lois en personne : il faut donc qu'il se nomme
des représentans.

C'est par la voie des journaux que
les législateurs correspondent avec
leurs commettans. Cette voie n'est
nullement coûteuse, et il serait d'une
sage économie de s'y tenir, du moins
dans les occasions qui ne sont pas
d'une extrême importance.

On voit avec peine les dépenses
énormes que se permet, en France,
le corps législatif, pour faire imprimer les motions, les rapports de ses
membres, et dont on trouve l'extrait
ou même l'insertion entière dans les
feuilles périodiques.

Cet abus coûte des millions au trésor public, et n'est utile qu'à l'imprimeur dont il fait gémir les presses.

Ne croyez pas que tous les députés lisent et méditent ces nombreux écrits imprimés pour eux à si grands frais ; la plupart n'y jettent pas même un coup-d'œil ; ils les entassent dans un coin de leurs appartemens, où vous les voyez couverts de poussière, et ils finissent par les livrer à la beurrière ou à l'épicier.

Est-ce donc pour ce dernier usage que le corps législatif français prodigue journellement des sommes immenses ?

Un législateur est respectable par le bien qu'il peut faire, et il est un personnage important par les maux dont il peut être la cause.

Dans une nation qui s'est déclarée libre, rien n'annonce davantage la corruption

corruption des mœurs, que la conduite et les mauvaises lois de ses représentans.

Il est de la sagesse et du devoir d'un représentant du peuple de ne se mêler d'aucune intrigue, ni de solliciter des places, pour qui que ce soit. Chez quelle nation républicaine verra-t-on continuellement un grand nombre de ces législateurs estimables ?

Qu'ils ne s'occupent que du soin de remplir leurs augustes fonctions, et de maintenir la franchise des opinions à la tribune ; ils trouveront dans la reconnaissance de leurs commettans l'honorable prix de leurs vertus. S'ils étaient jamais victimes d'une tyrannie quelconque, la nation entière se lèverait pour les venger ; leurs noms immortels, couverts de gloire, passeraient aux siècles les plus reculés ; ils seraient l'exemple et

Q

l'admiration des vrais amis de la patrie.

Les lois, qui sont la garantie de tous les citoyens, doivent, sur-tout, protéger les représentans du peuple, et s'il leur est défendu d'ambitionner d'autre pouvoir que celui de faire des réglemens sages et durables, il est aussi de toute justice qu'ils n'aient point à craindre le pouvoir trop étendu de quelques membres du gouvernement.

Que deviendrait la liberté, à quel avilissement serait réduite la représentation nationale, si le mandataire du peuple ne pouvait plus manifester ses sentimens à la tribune?

Ce n'est que du choc des diverses opinions que peut naître la vérité, ainsi que l'étincelle est produite par le choc de deux cailloux.

Mais c'est dans la tribune que s'alimente l'esprit de parti, nous dira-t-on, et que s'allument les orages qui retentissent jusqu'aux extrémités de la république, et semblent l'ébranler jusques dans les fondemens. Il est donc d'une sage politique de forcer les orateurs au silence.

Prenez garde que vos lois et le système de votre politique ne feront le bonheur des peuples, qu'autant que les législateurs, avant de se décider, les auront examinés sous tous les rapports.

Les discours de la tribune ne peuvent être quelquefois dangereux qu'au milieu des horreurs de la guerre civile, ou que si l'on délibérait en présence de tout le peuple assemblé, qui n'eût élu ni ses représentans, ni ses orateurs.

Il est des législateurs qui savent trouver tout de suite le moyen de se rendre estimables : il en est beaucoup d'autres qui le cherchent pendant tout le temps qu'ils sont en place.

Peut-être qu'un député assez faible pour se livrer à l'esprit de parti, ou pour embrasser un mauvais système, est préférable à celui qui montre un caractère toujours opiniâtre, et qui ne veut défendre que son opinion.

Le premier peut être ramené aux lumières de la raison et de la justice; le second est incorrigible.

De tous les êtres frappés de nullité, espèces d'animaux végétant dans le monde, le plus méprisable est un représentant du peuple, qui, dans les délibérations, ne fait que se lever et s'asseoir.

Qu'avait-il besoin de venir au corps-législatif? Il se serait assis et levé chez lui si commodément.

On serait charmé qu'ils fussent muets, ces hommes qui donnent continuellement leurs avis par signes, si on les avait au moins entendu parler une seule fois.

Un grand nombre de leurs collègues, toujours pérorant, toujours criant à la tribune, nous font désirer d'être sourds.

Du moins ces mannequins qui ne parlent que par gestes, sont assidus à leur poste, ils font nombre, on voit que leur nullité n'est pas tout-à-fait leur faute, on est presque tenté de la leur pardonner : mais que penser de ces déserteurs qu'on voit très-rarement, ou jamais, sur leur chaise curule ? Faut-il les comparer à des frêlons glissés dans une ruche, ou à des chanoines de l'ancien régime dormant en paix tandis que les bas-chœurs célébraient l'office ?

Leur conduite insouciante et lâche est tellement coupable et criminelle, qu'il n'y a point d'expression qui puisse la peindre. On croyait avoir

Q 3

apprécié l'égoïsme ; mais on ignorait
encore qu'il eût l'audace de se mettre
en évidence , et d'afficher publique-
ment ses vices odieux.

On pardonnerait aux législateurs
qui emploient la meilleure partie de
leur temps à composer des feuilles
périodiques, attendu qu'ils y prouvent souvent de l'esprit et des connaissances ; on leur pardonnerait ,
disons-nous , ce genre d'occupation,
si l'on ne considérait que tous leurs
momens sont à la patrie, qui les paie
assez cher pour en disposer.

Le titre de représentant du peuple
n'a-t-il pas quelque chose d'incom-
patible ou de peu séant avec celui de
journaliste ?

Que prétendent les législateurs qui
se compromettent à écrire des journaux ? Veulent-ils gagner de l'argent ? La place qu'ils occupent pour-
voit à leur entretien d'une manière

honorable; et d'ailleurs la soif de l'or n'annonce point des sentimens délicats. Sont-ils avides de gloire et d'une réputation brillante? Leurs vœux seront amplement satisfaits, si en faveur du bien public, ils parlent avec éloquence et sensibilité à la tribune, et s'ils remplissent dignement la mission dont ils se sont chargés.

Après avoir rempli tous ses devoirs, s'il reste à un député quelques instans, qu'il les consacre à la lecture des ouvrages qui doivent sans cesse être présens à sa mémoire; et il verra s'il restera assez oisif pour avoir le temps de devenir folliculaire.

Est-ce parce que les législateurs ne se respectent pas assez eux-mêmes, qu'il est des gens assez dépourvus de raison pour leur refuser la considération qui leur est due?

Ce ne sont point des royalistes,

des ennemis secrets de la révolution qui manquent d'égards pour un représentant du peuple : ce sont des républicains en place, des fonctionnaires publics.

Sans doute qu'ils s'imaginent ne devoir respecter que la totalité du corps-législatif, et qu'à leurs yeux, un mandataire du peuple, lorsqu'il est isolé, rentre dans la classe des simples particuliers.

Le caractère d'un représentant d'une nation est indélébile; il ne l'affaiblit que par une bassesse, et il ne le perd que par un crime.

On ne peut que rire de pitié quand des ministres républicains se permettent de faire attendre dans leurs antichambres un représentant du peuple, dont ils ne sont qu'un des commis.

Oser leur indiquer des jours d'audience, est un procédé d'un orgueil stupide.

Ces gens-là diront qu'ils sont sur-
chargés d'affaires publiques , et
qu'ils sont forcés d'y consacrer tout
leur temps. Cela pourrait être ; mais
un représentant du peuple ne res-
pecte-t-il pas assez leurs occupa-
tions en ne les mandant point chez
lui ?

On est saisi d'une indignation
qui va presque jusqu'à la colère,
quand on sait qu'un secrétaire-gé-
néral d'une administration , qu'un
chef de bureau est assez dépourvu
de bon sens pour donner audience
aux députés une ou deux fois par
décade.

Si certains petits personnages, ministres et autres , ont le sot orgueil
de vouloir donner des audiences aux
mandataires du peuple , est-ce une
raison pour que ces mandataires
aient l'inconvenance de s'y rendre ?
Nous croyons que ces derniers

Q 5

sont encore plus à blâmer (1).

C'est une grande science que de savoir se tenir à sa place.

L'insolence d'un subalterne, l'orgueil d'un ministre qui manque d'égards aux représentans d'une nation, est une sottise, un ridicule : mais l'abaissement de ces représentans qui l'autorisent et s'y prêtent, est une faute très-grave.

Mandataires du peuple ! n'oubliez point que vous êtes les représentans d'une grande nation, méritez cet honneur suprême, en dédaignant d'aller aux audiences des ministres, et encore moins à celles des premiers magistrats, chargés du pouvoir exécutif; ne correspondez que par écrit, et pour l'intérêt seul de vos commettans, avec les membres de ces autorités ; renfermez-vous dans vos im-

_____

(1) « Législateur ! connais et gardes ta
» dignité. » (Lois de Pythágore.)

portantes fonctions ; ne dégradez jamais la dignité de votre caractère :
alors vous serez généralement res-
pectés ; vous descendrez couverts de
gloire de la chaise curule , pour
rentrer avec joie dans la classe des
simples citoyens, qui vous nomme-
ront les bienfaiteurs de la république,
dont vous assurerez l'inébranlable
prospérité.

A quel sort doivent s'attendre les
législateurs imprudens, qui ne montrent que faiblesse dans leur conduite
versatile et sans énergie ? Ils sont
sans cesse contrariés dans le bien
qu'ils voudraient faire ; ils deviennent
les premières victimes des ambitieux
qu'ils s'abaissent à flatter ou à
craindre ; et, renversés du poste honorable où le peuple les avait mis ,
ils tombent , méprisés à jamais de
leurs compatriotes et des nations entières.

Q 6

CHAPITRE XXVIII et dernier.

Supplément au chapitre de la Religion.

Malgré tout ce que la philosophie et la raison peuvent alléguer contre les prêtres, les états et les empires ne sauraient s'en passer : ils sont un mal nécessaire.

Il faut une religion au peuple, non-seulement pour lui servir de frein, mais pour le consoler des maux qu'il éprouve, et pour le bercer de l'espoir d'être plus heureux dans une autre vie.

La croyance d'un Dieu rémunérateur lui fait encore supporter avec plus de patience la prospérité des méchans et du crime couronné ; il se dit : « Les richesses et les grandeurs » s'évanouissent au dernier moment ;

» celui qui les avait mal acquises, en
» est puni par un supplice éternel ;
» au-lieu que le pauvre qui a vécu
» sans reproche, ne meurt que pour
» jouir d'une félicité ineffable : s'il
» en était autrement, le Dieu du ciel
» ne serait qu'un tyran rempli d'in-
» justice et de cruauté, comme ceux
» qui ensanglantent la terre. »

C'est ainsi que pense la classe du
peuple la moins éclairée, et la plus
misérable, et malheureusement la
plus nombreuse.

Ils ne l'ignorent pas ceux dont
l'ambition et la puissance pèsent sur
les hommes ; aussi ont-ils la politique
de les assujettir au joug de la superstition.

Ces dominateurs des nations ne
sont que trop excusables de les enchaîner avec les fers sacrés du fanatisme, qu'il est si difficile de rompre.

Le despote ne doit souffrir dans

son empire qu'une seule religion; et celle qui se qualifie de *catholique* ou d'*universelle*, est la meilleure dont il puisse faire choix; parce que ses prêtres sont les flatteurs des princes, qu'ils disent l'image de l'Etre Suprême, auquel ils prêtent toutes les passions humaines, la jalousie, la colère, la vengeance, et sur-tout l'ambition de dominer avec une implacable tyrannie.

Il serait impossible à la religion chrétienne de cacher qu'elle a été imaginée non-seulement d'après le polythéisme, mais encore sur le modèle du culte hébreu, ouvrage d'une théocratie absurde et barbare.

Les Juifs égorgeaient des nations entières au nom de leur Dieu *jaloux*: leur férocité n'a été surpassée par les chrétiens, que parce que ceux-ci, devenus plus nombreux, se sont étendus sur une partie du globe,

qu'ils ont couvert de croix et d'ossemens humains.

Le mahométisme est encore très-
favorable aux monarques absolus,
jaloux de régner, et non de faire le
bonheur des peuples : le mufti de
Constantinople, ne pouvant être
despote pour son propre avantage,
autorise, au nom du ciel, les sultans
à regarder leurs sujets comme un vil
troupeau d'esclaves.

La liberté des cultes doit être per-
mise dans une république, afin qu'en
matière de dogmes, chaque citoyen
ait la faculté de croire ce que bon lui
semble, de prier le ciel à sa fantaisie, et de se féliciter au moins de
vivre sous un régime qui ne veut
point commander aux consciences.

Mais il faut que les gouvernemens
républicains soient très-attentifs à
ne pas accorder plus de priviléges à
un culte, qu'à tous les autres qu'ils

autorisent ; s'ils laissent pencher la balance en faveur de l'un d'eux , ils doivent s'attendre à des troubles , et même à voir éclater la guerre civile.

Les ministres d'une religion sont humbles et bienfaisans tant qu'ils ne dominent point ; mais ont-ils lieu de se croire les plus forts , ils secouent les torches du fanatisme, un horrible incendie s'allume aussi-tôt , et leur Dieu devient le signal du meurtre et du carnage.

Heureux si les hommes en société n'avaient d'autre religion que la morale sacrée empreinte dans leurs cœurs par les mains de la nature , et que l'éducation ne peut étouffer dans la plupart d'entre eux ! Ils feraient le bien, ils rempliraient tous leurs devoirs , sans être troublés par la crainte d'un Dieu, sans avoir besoin des leçons d'un prêtre, qui, par intérêt, ne cherche qu'à les égarer.

Beaucoup plus que l'idée d'un Dieu et des tourmens ou des félicités d'un autre monde, le frein des lois suffit pour arrêter ceux qui seraient tentés de commettre un crime et de troubler l'ordre social.

Tandis qu'il est des dévots, dans tous les cultes, qui se rendent très-coupables en secret, et même en public, peut-on citer un seul philosophe qui se soit jamais écarté de l'ordre civil et des principes de la sagesse?

Le vicieux et le méchant, s'il échappe au châtiment infligé par la nature ou par les lois, trouve sa punition dans les remords qui le déchire.

L'homme vertueux, sans être guidé par les préjugés religieux, se livre au charme de la morale universelle, gravée en naissant au fond de son cœur; et sa récompense est dans la satisfaction qu'il éprouve à être juste et à faire le bien.

Le néant où la mort nous plonge, n'est effrayant qu'aux yeux de la stupidité, qui devrait frémir chaque fois qu'elle se livre au sommeil; et l'idée d'un monde intellectuel est une des plus grandes preuves de l'orgueil humain.

Au reste, soyons remplis de tolérance pour tous les cultes, et ne voyons dans ceux qui les professent que des amis, que des frères, pourvu qu'ils soient honnêtes gens et bons citoyens.

Addition au chapitre de la Monarchie.

LES partisans du régime monarchique, croient le présenter avec
beaucoup d'avantages, en disant
qu'étant fondé sur la volonté indépendante d'un seul, les affaires s'exé-
cutent avec célérité, et que ses ordres
n'éprouvent aucun retard.

Il y a dans cette assertion plus de
prévention que de vérité.

Le maître absolu d'un empire ne
peut régner seul; en vain son orgueil
lui persuade qu'il fait mouvoir, d'un
mot, ses peuples et ses armées; en
vain quelques courtisans ont la simplicité de croire que, tel qu'un Dieu
unique, le roi aux pieds duquel
ils rampent, tient dans ses mains
les destinées de plusieurs millions
d'hommes. Un monarque est obligé

d'avoir des ministres, des généraux, des magistrats suprêmes, etc.

Il ne fait rien que sous le bon plaisir des principaux agens qu'il emploie; il ne voit que par les yeux d'autrui; il ne pense, pour ainsi dire, que par l'âme de ses favoris.

Ainsi le gouvernement monarchique n'est pas aussi éloigné du républicain qu'on se l'imagine d'abord. L'un et l'autre ne marchent qu'à l'aide d'un grand nombre de ressorts.

Le régime républicain offre pourtant une différence essentielle, et elle est tout-à-fait à l'avantage de cet ordre social. Chaque membre qui le compose a droit de prétendre aux places et aux postes éminens. Au lieu que les sujets d'un monarque, appelés tous à supporter les charges de l'état, sont exclus, en grande partie, des fonctions lucratives et honorables.

Il est vrai que l'égalité républicaine ne saurait empêcher qu'il y ait
des hommes privilégiés, s'avançant
par la faveur, ou qui, à force d'intrigues et d'audace, ont l'art de parvenir à tout. Mais du moins ce n'est
qu'une exception à la loi générale ;
et il n'en est pas de même sous le régime des rois.

FIN.

T A B L E

DES CHAPITRES.

Fin de la Table.

384

ERRATA.

Page 14 , lignes 23 et 24 ; *lisez ainsi cette phrase :* La nature nous a fait naître citoyens avant que sujets d'un roi.

Page 32, lignes 20 et 21 , la fécité, *lisez :* la félicité.

Page 162, ligne 16 , et d'une éducation peu soignée, *lisez :* et d'une éducation un peu soignée.

Page 254, ligne 18, conferes; *lisez :* confrères.

Page 262 , ligne 6 , gravement attaqué ; *lisez* grievement attaqué.

DÉPARTEMENT DE SEINE-ET-MARNE.

DISTRICT DE MEAUX.

Cantons.

Dammartin. Denis Boquet l'aîné.

Crony-sur-Ourcq. Jean-François Noël.

La Ferté-sous-Jouarre. Première section , Jean-Philippe maire ; seconde section , Antoine Jacquet ; troisième section Charles Delaplace ; quatrième section , Nicolas Gaudallier

Crecy. Première section , Guillaume-Nicolas Charfe ; second section , Arnoud Carangeot ; troisième section , Pierre ?ab?l quatrième section , Policard père ; cinquième section ?r Pottiers l'aîné.

Lagny. Première section , Luc Aublan ; seconde secti Louis-Antoine Duhamel ; troisième section , Jean-Baptiste Vach section *extra muros,* Nicolas Michelet.

Claye. Augustin-Hélie Lagrenée.

Meaux. Section de . . . . . Lucien Candat ; section des deliers , François Dumey ; section de Saint-Martin , Callei ?e section de l'Hôpital , Jean-Baptiste Duviquet ; section du S?? naire , Jean-Philippe Chevalot.

Lify-sur-Ourcq. Germain Offroy.

DISTRICT DE ROSAY.

Cantons.

Farmoutiers. Jean-Baptiste Vidit.

Coulomiers. Section . . . . . Jean-Sylvestre Jarry ; secti? la Municipalité, Jean-Antoine Rebours ; section des Religie? Jean François Denis Roney.

Rebnis. Touffaint Corbilly.

Laferté-Gaucher. Première section , Jean-Baptiste Roman

www.ingramcontent.com/pod-product-compliance
Lightning Source LLC
Chambersburg PA
CBHW072008270326
41928CB00009B/1586